***ACCESO GRATIS** a la Lectura en la Nube*

Para visualizar el libro electrónico en la nube de lectura envíe junto a su nombre y apellidos una fotografía del código de barras situado en la contraportada del libro y otra del ticket de compra a la dirección:

ebooktirant@tirant.com

En un máximo de 72 horas laborales le enviaremos el código de acceso con sus instrucciones.

USOS Y COSTUMBRES: EL CASO DE PUEBLA

USOS Y COSTUMBRES: EL CASO DE PUEBLA

VICTOR MANUEL REYES MORENO

tirant lo blanch
Ciudad de México, 2025

En caso de erratas y actualizaciones, la Editorial Tirant lo Blanch México publicará la pertinente corrección en la página web www.tirant.com/mex/

Este libro será publicado y distribuido internacionalmente en todos los países donde la Editorial Tirant lo Blanch esté presente.

© EDITA: TIRANT LO BLANCH
DISTRIBUYE: TIRANT LO BLANCH MÉXICO
Av. Tamaulipas 150, Oficina 502
Hipódromo, Cuauhtémoc, 06100 Ciudad de México
Telf: +52 1 55 65502317
infomex@tirant.com
www.tirant.com/mex/
www.tirant.es
ISBN: 978-84-1056-354-4
MAQUETA: Tink Factoría de Color

Si tiene alguna queja o sugerencia, envíenos un mail a: *atencioncliente@tirant.com*. En caso de no ser atendida su sugerencia, por favor, lea en *www.tirant.net/index.php/empresa/politicas-de-empresa* nuestro procedimiento de quejas.

Responsabilidad Social Corporativa: http://www.tirant.net/Docs/RSCTirant.pdf

Índice

Introducción

El Estado a través de la Administración Pública ha tenido como objetivo mantener el bienestar social, solucionar los problemas de carácter colectivo, de igual forma, la protección y la preservación de sus habitantes. Por lo cual, necesita la capacidad suficiente para dar respuesta a las demandas ciudadanas. La dirección de los asuntos públicos, exige que los órganos administrativos se desempeñen por medio de la racionalidad en la planeación de su labor en todas sus áreas, asimismo, pericia tanto directiva como operativa para solucionar los problemas públicos en los municipios. Por tanto, es necesario que los ayuntamientos cuenten con instancias administrativas competentes para cumplir sus objetivos de manera satisfactoria. Actualmente, el municipio rural es el nivel de gobierno que cuenta con las instituciones públicas más frágiles, ya que no han podido responder a los problemas que aquejan a la ciudadanía. En el caso de los municipios en los que su población se conforma por comunidades indígenas, regidas por el sistema de usos y costumbres, la porosidad institucional es mayor. Los servicios públicos que ofrece la Administración Pública Local no satisfacen las necesidades de los habitantes.

El municipio en México ha sido el nivel de gobierno que menos desarrollo social ha tenido. En pleno siglo XXI existen Estados que se encuentran conformados por municipios que sufren rezago social, principalmente los que se rigen por el sistema de usos y costumbres. Actualmente Puebla es uno de los Estados que se constituye por entidades locales que presentan esta problemática. La Administración Pública Municipal no ha brindado servicios públicos de calidad a las comunidades indígenas, la población padece de servicio de agua potable deficiente, carece de drenajes, así como de alcantarillado. Asimismo, requiere de seguridad pública eficiente; debido a que los elementos de seguridad con los que cuentan los ayuntamientos no son suficientes para proteger a las comunidades vulnerables. De igual modo, las vías de transporte se encuentran en condiciones deplorables, lo cual afecta el traslado de los habitantes. Por lo tanto, es menester que la Administración Pública Municipal mejore su labor para brindar servicios públicos tanto eficientes como eficaces, como lo enuncia la Constitución Política de los Estados Unidos Mexicanos en su artículo 115, tercera fracción: Los Municipios tendrán a su cargo las funciones y servicios siguientes: a) Agua potable, drenaje, alcantarillado, tratamiento y disposición de sus aguas residuales; b) Alumbrado público, c) Limpia, recolección, traslado, tratamiento y disposición final de residuos; d) Mercados y centrales de abasto, e) Panteones, f) Rastro, g) Calles, h) Seguridad pública, en los términos del artículo 21 de esta Constitución, policía preventiva municipal y transito.

De igual modo, uno de los problemas del rezago social en los municipios es su bajo nivel educativo, por lo cual, es urgente que los ayuntamientos lo eleven, tanto de niños como de jóvenes. De la misma manera, las condiciones de vivienda son precarias, las casas en las que habitan no cuentan con el equipamiento necesario para que tengan una vida digna. Otra dificultad que aqueja a los habitantes de las comunidades son los servicios deplorables de salud, en este aspecto la gestión de los ayuntamientos no ha medrado, el equipamiento de las clínicas no es suficiente para cubrir las necesidades de la población, las plantillas de personal de las mismas se encuentran incompletas. Los municipios más vulnerables carecen de empleo y de actividades productivas, como consecuencia el ingreso económico de las familias es exiguo. La forma en la que los gobiernos Estatal y Federal distribuyen el presupuesto de egresos es otra afección a la población, ya que ésta es la última beneficiada del ejercicio fiscal.

La falta de efectividad de la Administración Pública Municipal no ha podido mermar la marginación y la desigualdad lacerante de las comunidades étnicas. Resulta fundamental tanto el mejoramiento como la modernización de la gestión de los ayuntamientos, con el fin de lograr un desarrollo social integral. La racionalidad de la Administración Pública Local debe cambiar, para convertirse en una gestión que brinde servicios públicos de calidad, también, cumplir con las necesidades de las comunidades indígenas; necesita actuar con agilidad en la resolución de los problemas que aquejan a la población más desfavorecida de la pirámide social. Es necesario que los ayuntamientos sean conformados de capital humano comprometidos con su labor, es decir, servidores públicos que realicen su trabajo de manera óptima.

Existe también un problema de entendimiento entre el gobierno Municipal y los representantes de las comunidades indígenas, los representantes de éstas no han logrado el suficiente entendimiento con los ayuntamientos para que la Administración Pública Local cumpla con las necesidades de los habitantes. Resulta prioritaria la participación de las personas que conforman las comunidades para coadyuvar en la labor de la gestión municipal. La carente participación de los habitantes en la toma de decisiones públicas es una muestra de la débil acción pública en los municipios de Puebla que se rigen por el sistema de usos y costumbres.

Además, es necesario que exista mayor cooperación y comunicación tanto del Gobierno Federal como del Gobierno Estatal para que puedan apoyar a los municipios vulnerables, ya que el apoyo a los ayuntamientos ha sido débil.

El modo de operar de la Administración Pública Municipal, no ha funcionado adecuadamente, ya que los servicios públicos básicos que brinda no son lo suficientemente eficientes y eficaces. Por lo cual, las comunidades indígenas no tienen confianza en los ayuntamientos, como consecuencia las comunidades se niegan al diálogo. Si los gobiernos locales continúan sin prestar servicios públicos de calidad, la población seguirá renuente a participar en las decisiones públicas.

Por otra parte, la estructura administrativa del ayuntamiento necesita adaptarse a las necesidades sociales actuales, si no logra cumplir sus objetivos continuará existiendo una problemática de operación, es decir, lentitud en sus procedimientos administrativos, así como falta de capacitación de su personal. Los ayuntamientos deben fortalecer su estructura orgánica por medio de la modernización, es innegable que la Administración Pública adolece de graves problemas de ineficiencia.

Le es útil a la Administración Pública el presente estudio para conocer algunas formas de mermar las deficiencias que tienen los ayuntamientos, con el fin de mejorar los servicios públicos que prestan. El estudio de la Administración Pública Local es toral ya que es urgente disminuir las carencias en el funcionamiento de sus organismos e instituciones. Es fundamental que los gobiernos locales ejecuten las tareas necesarias para disminuir el rezago social de su población, con el fin de incrementar el índice de desarrollo humano, esto es, aumentar las capacidades esenciales de una población con el fin de que disfrute una vida larga y saludable, que reciba educación, así como acceder a los recursos necesarios para que tenga una vida digna y a la vez sea partícipe en la vida de su comunidad.

En la presente investigación, se realizó un estudio de caso del municipio de Eloxochitlán ubicado en el estado de Puebla, en el periodo de 2012 a 2017. Partiendo de la hipótesis de que la baja calidad del trabajo de los servidores y de los servicios públicos que lleva a cabo la Administración Pública del mismo. El municipio se conforma de población regida por usos y costumbres; lo que ha provocado que sus habitantes se encuentren en condiciones de rezago social, lo cual disminuye su calidad de vida. Asimismo, la pregunta de investigación es: ¿Cuál es la forma en que la Administración Pública Municipal puede contribuir para disminuir el rezago social de los habitantes del municipio de Eloxochitlán, Puebla con población regida por usos y costumbres? El análisis se hace con el fin de contribuir para disminuir el rezago social que padecen los habitantes de este municipio.

Los objetivos de la presente investigación son: Comprobar que la Administración Pública Municipal no ha llevado a cabo su labor de manera eficiente y eficaz en municipios regidos por usos y costumbres ya que la población se encuentra en condiciones de rezago social debido a la deficiencia de los servicios públicos de vivienda, de educación y de salud. Identificar que la eficiencia del trabajo de un ayuntamiento puede mejorar las condiciones de vida de una población regida por el sistema de usos y costumbres. Así como determinar las posibles mejoras que puede llevar a cabo la Administración Púbica Municipal para generar bienestar a su población.

La investigación se conforma por cuatro capítulos, el primero se compone por el sustento teórico constituido por: la conceptualización de *rezago social*, la descripción del concepto de *Estado* y su relación con la *política social*. En el apartado se explica la importancia de la política social como medio para que el Estado mitigue el rezago social. Del mismo modo, se menciona la importancia de la mejora en las prácticas de la Administración Pública. En el siguiente apartado, se explica la *elección racional*, con el fin de describir la repercusión de la toma de decisiones de manera objetiva por parte de las instituciones gubernamentales. Posteriormente, se toma en consideración el discurso del *multiculturalismo*, con el propósito de exponer la importancia del respeto que merecen los grupos étnicos, así como su derecho a la inclusión social. Se explica la importancia de la *gobernabilidad y gobernanza* con la finalidad de superar el rezago social, se menciona la necesidad de la participación de actores que no forman parte de los gobiernos locales, como son ONG's, o instituciones privadas. Finalmente se conceptualizan los términos de desarrollo humano, Índice de Desarrollo Humano, índice de rezago social, pobreza, pobreza extrema y se describen los elementos de la política social.

En el segundo capítulo se explica la desigualdad y el rezago social en México, asimismo la creación de los programas de desarrollo social a partir del Pronasol, posteriormente se detalla la evaluación y resultados de los programas sociales de la estrategia Prospera, así como la distribución municipal de la pobreza y el rezago social.

En el tercer capítulo se detallan los antecedentes del rezago social en municipios multiculturales, mencionando la importancia de las reformas a los artículos 115 y 2° constitucionales, se desarrolla el tema del multiculturalismo, el reconocimiento constitucional de los grupos indígenas y la relevancia de la Ley General de Desarrollo Social. Posteriormente se describe la evolución de los programas federales enfocados en la disminución del rezago social de las comunidades étnicas, del mismo modo las reformas realizadas a la Ley Orgánica Municipal del estado de Puebla, y se concluye con la mención de algunas experiencias en distintos municipios que pueden contribuir a la mejora social.

El último capítulo se conforma por un análisis, que contiene un marco de referencia sobre las características del estado de Puebla y de Eloxochitlán, estudiando el presupuesto que recibe el municipio por parte del Gobierno Federal. También se detalla el desarrollo que ha tenido el municipio en infraestructura y sus efectos en la población, se explica la importancia de descentralizar a la Administración Pública Local. Para ello, se utilizaron estadísticas de la implementación de las políticas sociales, datos del Consejo Nacional de Evaluación de la Política de Desarrollo Social (CONEVAL), del INEGI (Instituto Nacional de Estadística y Geografía), además de cifras del Índice de Desarrollo Humano del Programa de las Naciones Unidas para el Desarrollo. Finalmente, se realiza un diagnóstico, conclusiones y la formulación de propuestas sobre acciones para mitigar el rezago social del municipio analizado.

1. Contexto teórico del rezago social

Comprender la problemática del rezago social es complejo si se desea utilizar un solo enfoque teórico, para tener una visión más amplia es conveniente estudiarlo desde distintas áreas. En el presente capítulo se plantean distintos discursos de estudio, debido a que cada una de éstos presentan un planteamiento distinto para hacer frente a la problemática del rezago social.

Inicialmente, se conceptualiza el *rezago social,* se explica que es el Estado, así como sus acciones primordiales para preservar el bienestar social, asimismo, se menciona el concepto de *política social* y su utilidad para el Estado como instrumento para combatir las carencias sociales. De la misma manera, se dilucida la importancia de que un gobierno local cuente con infraestructura progresista con el fin de poder responder a las demandas sociales eficientemente.

Posteriormente, se menciona la importancia de la elección racional como elemento esencial para el Gobierno y la Administración Pública Local con el objetivo de que sus acciones sean eficientes. De igual forma, se desarrolla el discurso del multiculturalismo, con motivo de comprender, por una parte, quienes son los grupos étnicos, por otra, la relevancia del multiculturalismo como una forma de gobierno para la inclusión de los grupos sociales, con el fin de que formen parte del desarrollo social. En la misma tesitura se expresa la relevancia de los elementos de la gobernabilidad y gobernanza como instrumentos utilizados por el gobierno para superar el rezago social; finalmente se explica la normatividad de la política social, se conceptualizan el Índice de Desarrollo Humano e indicadores de rezago social.

1.1. EL ESTADO Y EL REZAGO SOCIAL

En el presente apartado se conceptualiza el *rezago social* como término esencial en materia de estudio de grupos poblacionales que viven en vulnerabilidad social extrema. Paralelamente, se plantean las teorías de la dependencia y de la modernización, como hilos conductores de las distintas acciones que a través del tiempo ha llevado a cabo el Estado para mitigar las carencias sociales. De la misma manera, para conocer los elementos que se encuentran relacionados en un sistema político, Gobierno y Administración Pública con el fin de combatir el rezago social.

1.1.1. ¿Qué es el rezago social?

Hablar del rezago social como tema de investigación obliga necesariamente a conceptualizar su significado y después a determinar su condición explicativa. Rezago es el atraso de algo o de alguien respecto de otra parte que avanza, es un estado diferenciado de unas cosas en relación con otras. En materia social puede entenderse como la parte de la sociedad que queda excluida del desarrollo o que no disfruta los beneficios de éste. Por lo tanto, cuando un segmento de la población padece un atraso en su desarrollo humano, no podrá aumentar su calidad de vida. El rezago social implica una dilación en los servicios que debe prestar el Estado a la totalidad de sus habitantes por igual.

El mismo no es un fenómeno nuevo en la vida del Estado moderno, actualmente, es más perceptible por las asimetrías sociales que ha propiciado la política estatal del desarrollo. En los países emergentes se ha caracterizado por ser desequilibrado y desigual, provocando que la población carezca de ingreso en los hogares, un nivel educativo deficiente, falta de acceso a los servicios de salud, así como a la seguridad social, que está directamente relacionado con la precaria calidad de vivienda y la carencia de alimentación de un sector de la población.

1.1.2. Factores exógenos y endógenos

Durante el siglo XX se presentaron teorías que, de algún modo, explican como fue generándose el rezago social de amplios grupos de la población, principalmente en los países en vías de desarrollo que en su afán de salir de las crisis recurrentes siguieron las recetas del Consenso de Washington, las cuales respondían a los intereses del modelo neoliberal implantado por la Gran Bretaña y los Estados Unidos de América. En este sentido podemos observar el aporte de dos teorías que, por su estrecha relación, brindan elementos para entender el fenómeno del rezago, la teoría de la modernización y la teoría de la dependencia.

La teoría de la modernización, surge después de la Segunda Guerra Mundial, como paradigma de crecimiento. Sitúa al desarrollo productivo como el factor de modernización de las sociedades, a través de una educación profesional, técnica y una división del trabajo funcional. Se centra en la especialización de la estructura institucional que constituye este modelo de desarrollo, el cual se enfoca en las sociedades modernas de Occidente.

La modernización de las sociedades crea mayor inclusión entre los ciudadanos debido a la integración económica, política y cultural, así como a las nuevas formas, tanto de producción como de comunicación. De la misma manera, debido a los avances tecnológicos, las sociedades sufren una transformación; de ser conglomerados agrarios pasan a ser estructuras industriales. "...se perfilan líneas evolutivas fácticas de los mundos de la vida modernos: la abstracción de las estructuras generales del mundo de la vida respecto de las configuraciones en cada caso, particulares de las totalidades que son las formas de vida, que solo aparecen ya en plural"[1].

Respecto al discurso de la modernización Talcott Parsons asevera desde la perspectiva del estructuralismo:

> "...la importancia de variables estructurales en el ámbito cultural, y el proceso de cambio inherente a través del equilibrio homeostático. Claves que incidían en la concepción de la modernización como un proceso sistemático, inminente y transformativo de sustitución o "cambio interno" de las estructuras y valores tradicionales de una sociedad..."[2].

---

1 Jürgen Habermas, *El discurso filosófico de la modernidad,* México, TAURUS, 1993, p. 406.

2 Talcott Parsons, *Estructura y proceso en las sociedades modernas,* Madrid, Instituto de Estudios Políticos,1987, p. 14.

Los tres elementos que forman a esta teoría son: la diferenciación de la estructura política, la secularización de la cultura política (centrada en la ética de la igualdad) y el aumento de la capacidad del sistema político de una sociedad. Sitúa el factor de "crecimiento económico" como la base para el proceso de desarrollo social. Tiene como fundamento primordial la "acumulación de capital" como elemento desencadenante del crecimiento. Habermas menciona la importancia, así como el vínculo entre la formación de capital y el desarrollo de las fuerzas productivas para el desarrollo social: "...procesos acumulativos que se refuerzan mutuamente: a la formación de capital, a la movilización de recursos, al desarrollo de las fuerzas productivas, al incremento de la productividad del trabajo... a la difusión de las formas de vida urbana y de la educación formal"[3].

De acuerdo con Whitman Rostow para que exista crecimiento económico y desarrollo social se requieren de cinco grandes etapas[4]:

1. Una sociedad tradicional: La propiedad es su carácter principal, con una fuerte jerarquización social.
2. Condiciones previas al despegue: La superación de la situación original requiere de un conjunto de condiciones previas, como el capital social fijo, el incremento de la productividad agrícola asociado a avances de nivel tecnológico. Aparece la expansión de las importaciones.
3. El despegue: Es la fase fundamental, destaca por el crecimiento rápido y la expansión de algunas actividades económicas llamadas «sectores guías», en las cuales se aplica la tecnología moderna con una clara tendencia a presentar un carácter auto-sostenido.
4. Marcha hacia la madurez: Ésta aparece definida a partir de un criterio tecnológico, pues se le considera como la fase en que la sociedad aplica eficazmente todas las posibilidades de la

---

3 Jürgen Habermas, Op. cit., p. 12.

4 Fernando Slater, *Las etapas del Crecimiento Económico de Rostow. Consideraciones sobre el Evolucionismo como Modelo Interpretativo,* Chile: Universidad Católica de Temuco, 2011, disponible en: http://repositoriodigital.uct.cl/bitstream/handle/10925/302/SOÑA_0717- 4977_03_1999_2_art9.pdf?sequence=1

tecnología moderna al conjunto de sus recursos. Se producen cambios en la estructura y de la fuerza de trabajo, una disminución de la población rural, el aumento del consumo y de la especialización tanto técnica como profesional.

5. Alto consumo de Masas: Etapa en la que se presentará la conversión del sector de servicios como dominante dentro de la estructura económica, un aumento en la importancia de la producción de bienes de consumo duraderos.

Whitman presenta una estructura conformada por elementos complementarios, con características de evolucionismo. Asimismo, los modelos políticos, sociales y económicos del mundo occidental era la esencia de la teoría de la modernización.

Del mismo modo, la teoría de la dependencia propone la creación de un sistema de inversiones que priorice el capital nacional de los países periféricos para incrementar su desarrollo.

> "...el intercambio comercial entre países de salarios altos y países de salarios bajos da por resultado un intercambio desigual de valores iguales (o precios de mercado que sobre valúan los bienes producidos con alto costo por concepto de salarios e infravalúan los bienes producidos con bajo costo por el mismo concepto), contribuye por lo tanto a la acumulación de capital y desarrollo de los anteriores a expensas de la descapitalización así como el subdesarrollo de los últimos"[5].

Cabe mencionar que la desigualdad de sueldos no solo es causa del mercado externo, también se encuentra relacionado con la economía interna, especialmente por la producción. Arghiri Emmanuel enuncia:

> "Se vuelve evidente que los factores institucionales que determinan en primera instancia el salario de equilibrio no son accidentes exógenos a la sociedad humana... el nivel de los salarios actúa directamente sobre los factores económicos determinando la necesidad de una intensificación de la composición orgánica del capital e induciendo las inversiones por la ampliación del mercado"[6].

---

5 Andre Gunder, *Acumulación dependiente y subdesarrollo*, México, Era, 1979, p. 26.

6 Ibídem, p. 115.

Para eficientar el mercado nacional, la teoría de la dependencia se enfoca en las materias primas, dado que eran una ventaja para el desarrollo social. También, el fortalecimiento de la economía priorizando el mercado interno.

> "... las materias primas que gozan de una ventaja comparativa en algunas regiones... sobre la dependencia de un mercado "interno", como fuerza motriz del desarrollo industrial y económico, sobre la teoría que atribuye el crecimiento económico a un ciclo iniciado por la producción de materias primas y la sustitución de importaciones"[7].

En 1950 la Comisión Económica para América Latina y el Caribe (CEPAL), puso las bases para esta teoría. Vista desde el estudio del "estructuralismo latinoamericano"[8]. Los principios de esta teoría son: el control de la tasa de cambio monetario, el fomento de una acción pública más eficiente en términos de desarrollo nacional; la creación de un sistema de inversiones que priorice el capital nacional; el permiso a la entrada de capitales externos, bajo las prioridades señaladas en los planes de desarrollo nacionales; la promoción de una demanda interna más efectiva (incrementando los sueldos) y un mercado nacional más eficiente (optimizando los recursos), como requisito para una industrialización sostenida y la gestión de un sistema de seguridad social público.

> "El desarrollo debe contener una dimensión moral capaz de hacerlo duradero, sostenible, justo y humano; permitiendo así, el libre desenvolvimiento social de los ciudadanos, la concientización sobre los deberes que conllevan los derechos sociales y la necesidad de las comunidades como mediadoras entre el individuo y el Estado en el cumplimiento de los fines de la Política social"[9].

---

7 Ibídem, p. 117.

8 Octavio Rodríguez, *El estructuralismo latinoamericano*, Buenos Aires, CEPAL, 2006, p. 9. (Estudio sobre el sistema económico, explicando la falta de desarrollo de la región por problemas estructurales de la economía en general. Propone reformas económicas para cambiar la situación de desarrollo de los países de América Latina).

9 Sergio Fernández, "Política Social y Desarrollo Humano: La Nueva Cuestión Social del Siglo XXI", *Nómadas Revista Crítica de las Ciencias Sociales y Jurídicas,* vol. 29 no. 1, enero-junio 2011, [citado el 12 de octubre 2018]: disponible en http://www.redalyc.org/articulo.oa?id=18118941001

El discurso de la dependencia menciona que existía una desigualdad en los precios del mercado internacional de los países capitalistas del centro (países desarrollados) a comparación de los países subdesarrollados (países periféricos). Debido a los salarios desiguales entre los países desarrollados y subdesarrollados provocando un desequilibrio en los precios del mercado internacional. La teoría de la dependencia tiene como elemento fundamental la protección de la economía interna, así como la labor del Estado para eficientar la misma. Los poderes públicos de los países dependientes en la consecución de su plan de desarrollo se enfocan en el proteccionismo al igual que la nacionalización interna. Esta teoría tiene como fin que los gobiernos adquieran su autonomía política, económica y administrativa.

Por otra parte, al interior de los Estados nacionales, los gobiernos que buscaban financiamiento para superar las crisis económicas, no tomaron en cuenta las ventajas y desventajas que traían consigo las recomendaciones de los organismos financieros internacionales y las establecieron sin recato alguno.

1.2. EL ESTADO Y LA POLÍTICA SOCIAL

En este apartado se describe el surgimiento del Estado y la manera en que poco a poco sus deberes fueron incrementando para mantener el bienestar de su población. También se conceptualiza el término de *política social*, debido a que es el medio que utiliza el Estado para preservar el bienestar social. De la misma manera, es necesario describir la importancia de que el gobierno se constituya por instituciones sólidas para brindar desarrollo a la sociedad; lo cual implica que la Administración Pública Local, cuente con infraestructura de vanguardia para conceder servicios públicos de calidad. En la misma tesitura, se alude a las elecciones racionales que debe tomar el Estado para que sus acciones alcancen sus cometidos. A lo anterior se incorpora, la explicación del planteamiento del multiculturalismo con el objetivo de presentar los derechos de los grupos indígenas, considerando la perspectiva del multiculturalismo como forma de gobierno para que éste mitigue la exclusión de los grupos étnicos, con el fin de que el Estado incremente su calidad de vida.

1.2.1. La responsabilidad del Estado en el bienestar general

Durante el transcurso de la evolución social del ser humano las relaciones entre grupos poblacionales fueron haciéndose más complejas, por lo cual, surge la necesidad de crear un ente que regulara la interacción entre individuos para preservar el orden social, mantener el bien común, brindar protección a la población y generar estabilidad económica para dar capacidad de acción a esta entidad que recibe el nombre de Estado. Thomas Hobbes lo denomina como "Una persona de cuyos actos una gran multitud, por pactos mutuos, realizados entre sí, ha sido instituida por cada uno, como autor, al objeto de que pueda utilizar la fortaleza y medios de todos, como lo juzgue oportuno, para asegurar la paz y la defensa común"[10].

De la misma manera, Ayala Espino menciona que el Estado se define como "una organización e institución dotada de poder, económico y político, para imponer el marco de obligaciones, regulaciones, restricciones a la vida social y al intercambio económico"[11].

De esta forma el Estado nace como un ente constituido con un poder inusitado para que los ciudadanos le obedezcan con el fin de que respeten el bien común y vivan en orden político, social, económico y jurídico.

> "El Estado moderno nació en Florencia con el despertar de la idea de la *res pública.* Merece el nombre de primer estado moderno, porque ahí se iniciaron la más alta conciencia política y la mayor riqueza en formas de desarrollo. Donde *el problema político se hizo asunto de todo el pueblo...* una comunidad humana que se gobernaba directamente o por conducto de una serie de magistraturas, una solución posible porque Florencia fue una comunidad pequeña..."[12].

El Estado crea instituciones las cuales constituyen al gobierno para llevar a cabo su labor, estos organismos públicos trabajan de manera coercitiva, y debido a su vinculación al paso del tiempo, crearon sistemas complejos. Niklas Luhman sostiene que "los sistemas

---

10 Thomas Hobbes, *Leviatán,* México, Gernika, 2010, p. 177.

11 José Ayala, *Elección Pública e Instituciones. Una revisión de las teorías modernas del Estado,* México, Porrúa, 2000, p. 32.

12 Mario de la Cueva, *La Idea del Estado,* México, UNAM, 1980, p. 45

económico, político y social tienden a desarrollar cada vez funciones, información y conocimiento más especializados, creando agencias o estructuras organizacionales separadas…"[13]. El Estado por medio de estas instituciones sirve a la sociedad para que se desarrolle tanto económica como socialmente, asimismo, para mantener el equilibrio social al distribuir su riqueza y generar una expansión de crecimiento humano. "Las funciones básicas el Estado son: mejorar la eficiencia en la asignación de recursos, garantizar la equidad en la distribución del ingreso y estabilización de la economía"[14].

En la misma tesitura, Richard Musgrave atribuye al Estado cinco funciones sustantivas: asignación de recursos, distribución del ingreso, estabilización, promoción del crecimiento y regulación económica[15]. La mejora de asignación de recursos implica la producción de servicios públicos de calidad. El avance en la distribución del ingreso conlleva medrar la asistencia social, servicios de salud, educación, seguridad social, jubilaciones, etc. El mejoramiento en la estabilización y pleno empleo significa implementar una política económica eficiente. La promoción del crecimiento supone crear políticas sociales de largo alcance, es decir, que den resultados con el fin de beneficiar a futuras generaciones.

De esta forma, el Estado velará por el bienestar de su población, es decir, no solo debe enfocarse en satisfacer a un grupo en particular. La esencia del Leviatán es proteger a todos sus ciudadanos. Siguiendo a Stiglitz, John Rawls sostiene: "el bienestar de la sociedad sólo depende del bienestar de la persona que se encuentre en peor situación; la sociedad está mejor si aumenta el bienestar de esa persona, pero no gana nada si se mejora el de otras"[16]. Lo cual significa que la esencia del Estado es gobernar para la comunidad humana, con el fin de mantener su plenitud[17].

---

13 Ibídem, p. 55.

14 Ídem

15 Richard Musgrave, *Teoría de la Hacienda Pública*, España, Aguilar, 1969.

16 Joseph E. Stiglitz, *La economía del sector público,* Barcelona, Antoni Bosch, 2000, p. 121.

17 Maquiavelo en el capítulo segundo de los *Discursos sobre la primera década de Tito Livio,* no pretendió otorgar a la palabra *Estado* una connotación nueva… igual que los griegos y los romanos, Maquiavelo partió de la co-

Para generar el bienestar de la sociedad el Estado lleva a cabo actividades por medio de la Administración Pública, las cuales se denominan políticas sociales. Dicho de otro modo: "Aquellas acciones públicas dirigidas a proteger y promover el desarrollo social y gasto social como aquél concentrado en educación, salud, seguridad social, vivienda y asistencia social"[18].

Por lo cual, la política social efectiva está enfocada para la disminución de factores de vulnerabilidad de los habitantes, "...la función primordial de la política social es la disminución y supresión de las inequidades sociales mediante la redistribución de los recursos, servicios, oportunidades y capacidades"[19]. De este modo, las instituciones públicas desde la perspectiva de los gobiernos locales deben ser responsables, eficientes, sensibles a las demandas sociales para conseguir objetivos planteados en un contexto con pocos recursos.

La implementación de la política social solamente cumplirá sus objetivos si se planea de manera adecuada, dicho de otro modo, su ejecución debe disminuir el rezago social de las comunidades vulnerables para abatir la brecha de desigualdad en la sociedad. Por lo tanto, mientras no disminuya la estratificación social, significa que las políticas sociales llevadas a cabo por los ayuntamientos no han sido eficientes, ya que no cumplen con su objetivo que es aumentar la calidad de vida de la población.

Con el paso del tiempo han surgido diversas teorías de política social que han tratado de dar solución a esta afección, explicando cual es la forma en que los gobiernos por medio de la Administración Pública pueden mitigar esta situación critica de la sociedad.

---

munidad humana como una realidad y se ocupó de las maneras o formas de gobernarla, porque éste era el problema fundamental de las ciudades italianas...particularmente *El Príncipe*, que es, no un tratado sobre el Estado concebido como un ente real o abstracto, sino uno acerca del arte de gobernar a la ciudad. Mario de la Cueva, Op. cit., p. 63.

18 Rodolfo de la Torre, Eduardo Rodríguez, et al, *Política social y bienestar México desde el año 2000,* Ciudad de México: CIDE, 2018, p. 11.

19 Ídem.

1.2.2. Instituciones y desarrollo

En la responsabilidad del Estado para proveer al bien común y mejorar las condiciones de vida, toca al gobierno y a la Administración Pública trabajar de manera coordinada tanto al interior como al exterior. Al interior se necesita una organización que permita cumplir con la misión institucional, al exterior es necesaria una comunicación estable, con el fin de crear un sistema organizacional que funcione de manera racional para cumplir con los objetivos gubernamentales. "...como lo plantea los trabajos de DiMaggio y Powell, se deriva del hecho de que un régimen institucional permite crear estabilidad política disminuyendo el oportunismo otras formas de tensión en la acción cooperativa... se logra que la acción organizada sea, si bien no óptima o eficiente, al menos estable..."[20].

De la misma manera, las instancias que conforman a los gobiernos locales deben adaptarse al ambiente organizacional que se encuentra en constante cambio. Las demandas ciudadanas se han vuelto más diversas, la respuesta de los ayuntamientos es tardía, por lo cual, el éxito de su desempeño dependerá de como reaccionen a los cambios de las variables exógenas.

Es fundamental la modernización de las funciones de los ayuntamientos, para que tengan capacidad de solucionar los problemas de la *polis,* la innovación es toral en la configuración organizacional, debido a que los sistemas políticos deben constituirse por instituciones de vanguardia, entendiendo éste termino como la habilidad gubernamental de brindar respuestas efectivas, acciones eficientes y servicios de calidad. Drazin sostiene que:

> "las innovaciones son acciones de individuos o grupos que buscan establecer, proteger o ampliar cotos de poder. ...vínculos interorganizacionales como el enlace entre la organización y los factores contextuales que pueden ser claves para la innovación; desde esta perspectiva, los procesos innovadores aparecen como resultantes de la capacidad organizacional interna en combinación con oportunidades del contexto"[21].

---

20 Jürgen Habermas, Op cit., p. 38.

21 Ibídem, p. 39.

Aunado a lo anterior puede mencionarse que los órganos gubernamentales en la actualidad se caracterizan por su grado de avance tecnológico, al igual que la capacidad del talento humano. Surge una transformación del Estado, adaptado a los cambios tecnológicos, convirtiéndose en un Estado virtual, debido a la capacidad que adquiere para transferir aceleradamente información, entre diversas instituciones tanto públicas como privadas, que se encuentran interconectadas de manera continua. Esto conlleva a que las organizaciones tengan mayor certidumbre de alcanzar objetivos, metas y resultados. Asimismo, es signo de estabilidad institucional con el fin de brindar no solo orden social, también incremento de calidad de vida de la ciudadanía.

> "A medida que el Estado se enlaza cada vez más por medio de sistemas de información, acuerdos interdepartamentales, asociaciones público-privadas, acuerdos intergubernamentales que unen actores federales, estatales, locales, y servicios basados en la web que vinculan sitios web de cientos de organizaciones, podemos hablar de un Estado virtual"[22].

Las tecnologías de información han provocado cambios extensos en las instituciones públicas, generando mayor organización, productividad y crecimiento de la Administración Pública. Los cambios tecnológicos en el gobierno han modificado el trabajo de los administradores públicos optimizando su labor. "El papel de los administradores públicos resulta esencial para comprender de qué manera se están usando las tecnologías... la tecnología desempeña un papel transformador...un cambio fundamental por lo que se refiere a la coordinación, el control y la comunicación"[23].

Por otra parte, las instituciones deben evitar la degradación de sus funciones, guardar las normas institucionalizadas, mantener a los servidores públicos que se desempeñen eficientemente para no disminuir la productividad de éstas, con el objetivo de que la Administración Pública no pierda su legitimidad con la ciudadanía.

---

22 Jane Fountain, *La construcción del Estado virtual. Tecnologías de información y cambio institucional,* México, CIDE, 2010, p. 188.

23 Ibídem, p. 741.

> "Oliver profundiza en el concepto de desinstitucionalización, en cual se refiere a la erosión o discontinuidad, que se presenta en una acción organizada e institucionalizada. Este proceso se inicia con un deterioro gradual en la aceptación y uso de las prácticas institucionalizadas, el cual puede ser inducido por causas externas (nuevos valores sociales, cambios regulatorios, presiones en favor de la innovación, entre otros) o internas (como pueden ser el deterioro grave de la eficiencia o la obsolescencia...)"[24].

De esta manera, el entramado institucional solo puede lograr el desarrollo social si todos los elementos que la componen se encuentran en condiciones de responder a los cambios de las variables exógenas. La Administración Pública, logrará sus objetivos solamente si cumple con estándares de calidad, los cuales se verán reflejados en la respuesta al ciudadano.

1.2.3. La modernización administrativa en aras de mejoras en la Administración Pública Municipal

La Administración Pública Municipal necesita adaptarse a los cambios políticos, económicos y sociales actuales para poder responder al aumento de complejidad de los problemas que afectan a la comunidad, de no hacerlo, el aparato burocrático quedará rebasado por las dificultades que aquejan a la colectividad; se requiere una evolución administrativa que genere cambios radicales. Por lo cual, es menester que la Administración Pública Local mejore las funciones de las instituciones que conforman su estructura para brindar resultados que satisfagan las necesidades sociales. "Entonces se presentó la idea de modernizar la estructura y el funcionamiento del aparato administrativo. La estrategia empleada fue focalizar un elemento clave del aparato gubernamental para modernizarlo... generar por sí mismo un efecto que tuviera incidencia en el nivel macroadministrativo"[25].

La modernización de la Administración Pública implica racionalizar los procesos administrativos para incrementar su productividad,

---

24 Ibídem, p. 38.

25 Jaime Espejel, *Democracia y Gobernanza Nueva Institucionalidad y Redes Políticas,* Ciudad de México, Juan Pablos, 2016, p. 192.

generar innovación en todas las áreas o departamentos que la conforman para que pueda responder a las necesidades de carácter urgente que demanda la población. "El fomento de la racionalización y la innovación administrativas, así como el aumento de la capacidad administrativa conforme a una planificación correcta del desarrollo"[26].

Lo anterior implica remover las prácticas internas que resultan obsoletas, como son: procesos y procedimientos administrativos inservibles, rotar o capacitar al personal que no cumple con las tareas que requieren sus áreas de labor, implementar medios tecnológicos, es decir, elementos que constituyan una Administración Pública de vanguardia. "...no sólo se reclama la extinción imperiosa de las rémoras coloniales, sino también la prevención de las prácticas neocoloniales, mediante el establecimiento de nuevas organizaciones administrativas o el fortalecimiento de las existentes..."[27].

Es necesario mencionar que la modernización administrativa no trabaja de manera aislada, dado que su labor es inherente al gobierno; por lo cual, en el caso de la Administración Pública Local, la modernización implica cambios en cuanto a innovación, reestructuración y fortalecimiento con el fin de eficientar las funciones del ayuntamiento.

> "Se entiende por eficiencia política la aptitud, competencia o potencial de un gobierno para fijar directrices que conduzcan a objetivos considerados válidos por una sociedad en un momento determinado. A su vez, la capacidad administrativa, considerada como un caso particular o una derivación lógica de la primera, podría visualizarse como el potencial institucional que permite instrumentar los objetivos socialmente aceptados y jurídicamente consignados en la constitución política del Estado en cuestión"[28].

Los cambios y renovaciones en las instituciones públicas están dirigidas a que los habitantes de un territorio determinado tengan un buen gobierno, entendiendo sus objetivos como acciones que incrementen la calidad de vida de los ciudadanos. En la actualidad en un mundo globalizado, con interacciones electrónicas interguberna-

---

[26] Omar Guerrero, *Gerencia pública en la globalización*, México, Era, 1979, p. 63.

[27] Ibídem, p. 69.

[28] Jaime Espejel, Op. cit., p. 51.

mentales, demandas sociales que han rebasado los servicios públicos básicos; una comunidad o un conjunto de comunidades no pueden encontrarse rezagadas. Las democracias modernas deben estar conformadas por una Administración Pública de vanguardia, la modernización debe permear a todas las instituciones municipales, de lo contrario los engranajes que conforman al Gobierno Municipal, no darán los resultados que se requieren para el beneficio social.

> "La exigencia de un buen gobierno es característica de todo sistema político moderno; es un derecho que reclaman las sociedades democráticas. No basta que un gobierno haya surgido por la vía electoral universal, transparente y legal; no basta que sea considerado un gobierno legítimo para la sociedad. Requiere confirmar esa legitimidad mediante la ejecución de día a día de un trabajo satisfactorio para los ciudadanos"[29].

Por lo tanto, la modernización administrativa implica:

> "1) Capacidad para la planeación estratégica de corto mediano y largo plazos, no únicamente en los altos niveles sino entre todos los jefes y empleados. 2) Disposición a la definición y revisión permanente de su misión, su vocación, sus objetivos y sus metas. 3) Que las instituciones mantengan una actitud permanente de simplificación de procedimientos y trámites, hacia adentro y hacia afuera de la organización; que actúe sobre la base de confianza al público. 4) Que el personal, en todos los niveles, se sienta responsable de actuar siempre con máxima eficacia, eficiencia y economía. 5) Que el personal acepte los cambios que las nuevas tecnologías han generado en cuanto al contenido de los puestos de trabajo. 6) Que la modernización debe fomentar en todos los funcionarios y empleados una actitud de innovación; y de combate al temor a los cambios"[30].

De esta manera, la causalidad de la modernización administrativa es mejorar las condiciones de vida de los habitantes de un territorio determinado. Se requiere llevar a cabo innovación en las estructuras institucionales, que sean cooperativas, coordinadas, con una visión de servicio centrando en el ciudadano, que se interesen por obtener los resultados planeados, con la misión de que la Administración

---

29 Ignacio Pichardo, *Modernización Administrativa,* México, El Colegio Mexiquense, 2004, p. 47.

30 Ibídem, p. 375.

Pública Municipal logre brindar servicios públicos de calidad para mantener el bien colectivo y como consecuencia el progreso social.

1.2.3.1. Administración Pública de calidad

La idea de calidad en las últimas dos décadas del siglo XX se puso en boga debido a las fallas que comenzaron a padecer los Gobiernos al prestar sus servicios al público. Por ello, la Administración Pública decide redireccionar su labor con el fin optimizar su trabajo. De esta manera, las instituciones que conforman a la Administración Pública, así como a cada uno de sus departamentos, deben operar de manera que sus servicios resuelvan los problemas públicos. De acuerdo con Luis Fernández Aguilar el concepto de calidad puede entenderse como: "la conformidad con los requisitos (conformance to requirements) o exigencias de un determinado producto, solicitud..., cuyas especificaciones deben ser definidas con precisión y claridad"[31].

Al final del siglo XX se utiliza el concepto de "calidad total", entendido como el más alto rendimiento que debe brindar la Administración Pública en beneficio de la población. "...la máxima calidad, así como cantidad de servicios que la Administración Pública sea capaz de entregar a sus clientes particulares, en cada rama. La máxima calidad y cantidad se puede conseguir únicamente mediante una acción con eficiencia, eficacia y economía"[32]. Significó las adecuaciones a los servicios públicos, mejoramientos de organización (requisito de tanto de operaciones como de productos), la necesidad de procesos sincronizados de las instituciones posburocráticas y el estilo directivo gubernamental. En la misma tesitura Francisco Moyado menciona: "La introducción de la gestión de calidad total en las administraciones públicas es una innovación de gestión que afecta necesariamente

---

31 Luis Fernández, *Gobernanza y Gestión Pública*, Fondo de Cultura Económica, 2008, p. 325.

32 Ignacio Pichardo, Op cit., p. 40.

al modo de diseño de la organización administrativa y a la filosofía misma de la gestión pública..."[33].

La calidad administrativa implica el fortalecimiento de sus instituciones, una nueva forma de accionar la cual debe ser continua. Asimismo, resulta toral para los gobiernos locales ofrecer servicios de calidad, de lo contrario pueden perder legitimidad ante los ciudadanos, debido a la ineficacia e ineficiencia de solución a las necesidades públicas.

> "Las organizaciones públicas cuentan con nuevas bases para fortalecer la efectividad y la eficiencia del sector público, dentro de un nuevo contexto de gestión, competitividad y consumo; donde la calidad se convierte en un factor que impacta la dinámica de las organizaciones públicas, en la confianza de reconocimiento social en conjunto, en el fortalecimiento de la legitimidad gubernamental"[34].

De esta forma, los ayuntamientos deben asignar servicios de calidad de manera equitativa a toda la población, no debe excluir a ninguna comunidad. Requiere estar presente el objetivo principal del Estado que es tanto la protección como mantener el bienestar de sus habitantes. Ignacio Pichardo infiere que: "los fines del Estado, que la Administración Pública hace suyos, son los de proporcionar al público servicios de la mejor calidad posible, en el mayor número y con criterios de igualdad, neutralidad y no discriminación"[35].

Del mismo modo, el discurso de calidad total emplea controles estadísticos para evaluar las funciones de la Administración Pública, así como sus procesos con el fin de verificar el cumplimiento de sus objetivos, capacitación de su personal, compromiso de los colaboradores al efectuar su labor. "...el empoderamiento del personal, el trabajo en equipo, el trato en el punto final de la prestación del servicio... en un contexto de compromiso de la dirección, la organización en asegurar la calidad de todas sus acciones..."[36].

---

[33] Francisco Moyado, *Gobernanza y Calidad en la Gestión Pública: Oportunidades para Mejorar el Desempeño de la Administración Pública en México*, México, Instituto Nacional de Administración Pública, 2014, p. 54.

[34] Ibídem, p. 55.

[35] Ignacio Pichardo, Op. cit., p. 40.

[36] Luis Fernández, Op. cit., p. 348.

Debe mencionarse que el planteamiento de calidad tiene el cometido de mejorar el funcionamiento de las instituciones públicas. Con la vehemencia de incrementar la calidad de vida de los ciudadanos, por medio de servicios públicos idóneos.

> "...la Gestión de Calidad, en el seno de las organizaciones públicas genera entonces una serie de cambios internos, que van a tener una repercusión social, en tanto la extensión de los nuevos dispositivos de calidad, impactarán a nivel de los usuarios, consumidores, derechohabientes o clientes"[37].

El trabajo de la Gestión de Calidad se lleva a cabo por medio de tres vertientes.

> "1) La búsqueda de una nueva racionalidad y el *mejoramiento de los procesos internos*, para mejorar los productos y servicios del sector público. 2) El redimensionamiento *de las estructuras organizativas,* para atender las expectativas del cliente. 3) El involucramiento de los diferentes niveles de la organización, para hacer de la calidad un principio de gestión y organización"[38].

La Administración Pública Local debe experimentar cambios que modifiquen la estructura weberiana que por décadas logró que las funciones del Estado fueran óptimas, sin embargo, los cambios externos, en el ámbito social, económico, financiero, político y tecnológico transmutaron el ambiente organizacional al cual los ayuntamientos debían adaptarse. De no hacerlo, la calidad de sus funciones se disgregaría, por lo cual resultó necesario reconfigurar los engranajes de las organizaciones gubernamentales. Es necesario adaptar los procesos administrativos a las demandas públicas que se han vuelto más complejas, implementar prácticas gerenciales, cambiar la planificación de las instituciones pensando en prospectiva y ejecutar acciones preventivas, no correctivas.

> "Gestionar la calidad de un servicio, el cual da razón de ser a la organización responsable del mismo, implica adaptar los instrumentos gerenciales correspondientes, para que de una manera organizada y planificada la organización obtenga resultados previstos o convenidos

---

37 Francisco Moyado, Op. cit., p. 55.

38 Ibídem, p. 54.

> con terceros, asimismo, demuestre capacidad de reacción frente a imponderables no previstos en sus procedimientos"[39].

De la misma manera, la Administración Pública lleva a cabo procesos para realizar sus tareas, lo cual, define a la organización como un sistema interrelacionado de actividades, que genera un producto o servicio, sobre bases para contribuir a incrementar la satisfacción del ciudadano. La gestión de calidad tiene como componente esencial el uso de tecnología, el cual modifica la operación de las organizaciones públicas. Logrando obtener resultados de manera pronta, ahorrando recursos materiales, asimismo, modificando la forma de comunicación entre el ciudadano y el gobierno.

> "El uso de la tecnología puede estar dirigido para apoyar en la función de operaciones internas de la administración, en la distribución de servicios públicos a los ciudadanos o a las organizaciones, el acceso a la información por parte de los ciudadanos, la relación entre gobierno y gobernados, reducción de burocracia, entre otros..."[40].

La implementación de herramientas electrónicas en los procesos administrativos ayuda a mejorar no sólo las funciones al interior de las instituciones del gobierno, surge una nueva forma en la Administración Pública Municipal para optimizar su trabajo. "La administración electrónica (...) se establece en dos dimensiones: la interna busca potenciar la efectividad de la gestión con la aplicación de las herramientas tecnológicas para organizar la información y facilitar el control y la toma de decisiones"[41].

De la misma manera, la Administración Pública Municipal al introducirse en el contexto virtual tiene una comunicación más eficiente con otros órganos de gobierno, de igual modo incrementa su interlocución con la población. De esta forma, surge el gobierno electrónico conocido como *e-goverment*, entendido como la operación de los órganos públicos por medio de la red. José Esteves menciona: "El *e-goverment* es una expresión que califica la inserción de las tec-

---

39 Ibídem, p. 53.

40 Revista iapem, *El municipio a 495 años de su creación*, no. 88, Mayo – Agosto, México, IAPEM, 2014, p. 142.

41 Ibídem, p. 144.

nologías de la información y la comunicación (TIC) a la acción del gobierno, a la Administración Pública, a la acción de la gestión. Incluso se puede localizar a esta misma manifestación como gobierno electrónico"[42]. En la misma tesitura, el *gobierno electrónico* es una estrategia tecnológica que los gobiernos adoptan para brindar atención a su comunidad a través de la red, también ha servido para agilizar y minimizar tanto los costos de comunicación como la disposición de información al interior de las instituciones de gobierno.

Por otra parte, la reingeniería de procesos es otro de los pilares de la calidad de la Administración Pública, en el momento en que los procesos de las organizaciones públicas se vuelven obsoletos e ineficaces, al no responder a los cambios provocados por las variables exógenas, es necesario llevar a cabo un cambio contundente a la estructura de los órganos públicos para que solucionen las demandas sociales a las cuales ya no tenían la capacidad de accionar. "En efecto, la reingeniería de procesos, busca aportar soluciones a los retos que imponen los clientes... para la mejora de la productividad. En este sentido la reingeniería se orienta precisamente al rediseño radical de los procesos para mejorar la gestión"[43].

De este modo, la Administración Pública de calidad aunada a la reingeniería de procesos, producen mejoras e incrementan la productividad de las instituciones de gobierno. "... la gestión de calidad y la reingeniería de procesos, son dos herramientas que aplicadas de forma secuencial, nos permitirán mejorar el rendimiento de las organizaciones, mejorar los productos y servicios que generan..."[44]. Por lo tanto, es necesaria la búsqueda de innovaciones en la estructura de los procesos de las organizaciones, para garantizar un adecuado funcionamiento de la cadena de valor organización-producto/servicio-cliente.

La gestión de calidad fortalecida por la reingeniería, también tiene como soporte las actividades que se llevan a cabo al interior de las organizaciones públicas, conocidas como mejora continua. Deben

---

42 Ibídem, p. 141.

43 Francisco Moyado, Op. cit., p. 74.

44 Ibídem, p. 79.

implementarse modificaciones, en todas las áreas de las organizaciones, así como en las distintas jerarquías de éstas. Es necesario capacitar al personal y la retención de talento humano. Por tanto, "la introducción de herramientas y métodos de mejora continua en la gestión pública, requiere esfuerzos de formación y capacitación del personal involucrado en los procesos de calidad, a fin de contar con los medios adecuados, para el análisis, verificación y conservación de los niveles de calidad institucional"[45].

La introducción de la mejora continua debe conducirse o basarse en los siguientes supuestos:

> "1) El trabajo en las organizaciones gubernamentales puede comprenderse y mejorarse a partir del análisis de procesos. 2) Los procesos gubernamentales suponen actividades que se pueden mejorar e innovar. 3) La innovación de procesos debe permitir satisfacer o superar las expectativas de los clientes. 4) La mejora continua produce resultados duraderos, en términos de innovación excelencia, eficiencia y efectividad. 5) Las personas más próximas al proceso están en una posición óptima para mejorarlo. 6) El mapeo y medición de procesos es esencial para la incorporación de sistemas de calidad. 7) Las decisiones para mejorar los procesos son más efectivas si se basan en datos"[46].

Tomando en cuenta las consideraciones anteriores, la mejora continua ayudará a optimizar los resultados de las organizaciones públicas, siendo éstos satisfactorios a corto, mediano y largo plazo. De no llevarse a cabo las modificaciones requeridas en los organismos gubernamentales locales, éstos pueden comenzar a mostrar deficiencias las cuales se verán reflejadas en los servicios públicos.

La calidad de las funciones de la Administración Pública Local debe ser continua para responder a las necesidades de su población. En el momento en que el gobierno deja de brindar servicios públicos de calidad, sus habitantes comienzan a padecer debido a las deficiencias provocadas por la falta de efectividad de la acción administrativa, lo cual conlleva a mitigar la calidad de vida de la población y padecimiento de rezago social.

---

45 Ibídem, p. 107-108.

46 Ibídem, p. 109.

1.2.4. Elección racional

La teoría de la elección racional elucida que las organizaciones pueden tomar decisiones que ayuden a lograr sus objetivos de manera eficiente, económica y eficaz si las decisiones son razonadas. De la misma manera disminuir la incertidumbre de los posibles errores que se pueden tener. De acuerdo con Herbert Alexander Simon "se trata de que el decisor, de un conjunto de alternativas, debe seleccionar la que considere como mejor opción, con la cual pretenda dar solución a un problema concreto tomando en cuenta las posibles consecuencias que la decisión pueda ocasionar"[47].

Los tomadores de decisiones deben elegir de manera elocuente considerando las alternativas posibles para obtener los resultados que tienen planeados. La racionalidad es toral para que los miembros de una organización lleven a cabo sus actividades de manera tanto ordenada como sincronizada, lo cual solo se logra si el trabajo se lleva a cabo de manera coherente a nivel horizontal, así como vertical al interior de la organización.

En las instituciones, el individuo es primordial en la toma de decisiones, las cuales deben considerarse para incrementar el bienestar de la población.

> "...el paradigma racional centra su atención en el hecho de que en las instituciones el individuo juega un papel fundamental en la toma de decisiones. Éstas se basan en una suma de intercambios en los que las condiciones son ideales, donde siempre se decide con base en la actitud racional de los individuos, en un ambiente de incertidumbre, pues el enfoque del modelo racional considera que el hombre siempre maximiza beneficios y reduce costos"[48].

Las decisiones individuales al interior de la organización deben estar interconectadas para que las instituciones mantengan una lógica en su funcionamiento, las órdenes de los dirigentes deben llevarse a cabo de manera estructurada y planeada. "... los mismos estímulos de la decisión pueden ser controlados de modo que sirvan a finali-

---

47 Marco Rodríguez, *Racionalidad y toma de decisiones en las organizaciones,* p. 123.

48 Jaime Espejel, Op. cit., p. 100.

dades más amplias y una sucesión de decisiones individuales pueden ser integradas en un plan bien concebido"[49].

Para elegir de manera que se obtengan los resultados esperados, debe contarse con información que ayude a discernir de manera adecuada. La racionalidad implica tener conocimiento de las circunstancias acontecidas, por lo tanto, entre más comprensión se tenga, menor será el índice de error al tomar una decisión. Los dirigentes en las decisiones tanto de la Administración Pública como políticas, frecuentemente no resuelven los problemas que afectan a su población; las decisiones incorrectas resultan contraproducentes por no tener el conocimiento necesario para elegir correctamente, por esto, la información es imprescindible en la toma racional de decisiones.

> "La información es la materia prima para la toma de decisiones, ya que la racionalidad incluye un conocimiento completo del problema que se esté tratando. Es decir, ante la dificultad de tener el conocimiento completo, este punto de vista muestra la importancia de la información en la toma de decisiones"[50].

Los miembros de las organizaciones deben llevar a cabo su labor de manera planeada, estructurada, con información que les sea útil. "...las personas no funcionan «óptimamente» ante problemas, información insuficiente y tiempo limitado. Todo esto sin tomar en cuenta la restringida capacidad de atención que parece casi una característica innata de los seres humanos"[51]. Esto significa que los individuos que conforman las organizaciones deben contar con las facultades adecuadas para que su labor brinde los resultados que su cargo demanda.

De acuerdo con Elinor Ostrom existen tres supuestos básicos en la teoría de la elección racional: i) Los individuos poseen tanta información de la estructura de una situación... ii) Los individuos asignan una valoración interna completa y consistente a los resultados... iii) Después de hacer un análisis completo de la situación, los individuos

---

49 Marco Rodríguez, Op. cit., p. 125.

50 Ibídem, p. 128.

51 Javier Elguea, *Razón y desarrollo el crecimiento económico, las instituciones y la distribución de la riqueza espiritual,* México: Santillana, 2006, p. 124.

eligen una acción a la luz de sus recursos para maximizar el beneficio material..."[52].

Es necesario mencionar que existen diversos tipos de decisiones: 1) La decisión estratégica; en la cual, las elecciones se llevan a cabo en la cumbre de las instituciones, conciernen a acciones globales de largo alcance, y se encuentran involucrados diversos engranajes de la organización. 2) la decisión administrativa es la que se lleva a cabo para obtener resultados a mediano plazo, utilizando el mayor número de elementos de la administración con el fin de lograr los objetivos planeados. Asimismo, 3) la decisión programada que implica actos, procedimientos habituales, conocidos, previstos, etapas y sin riesgos de cambios significativos. "Es la clase de decisiones que se puede encontrar en todos los niveles de la organización, y que consistiría en aplicar procedimientos conocidos, repetitivos y rutinarios"[53].

La elección racional también esgrime para la toma de decisiones en prospectiva, de manera planeada, analizada; evaluando los posibles riesgos, con el fin de disminuir los daños que pueden surgir más adelante. "La racionalidad, así entendida, consiste en la habilidad de utilizar el escrutinio razonado para anticipar los problemas, entender los objetivos, seleccionar valores y hacer elecciones sistemáticas..."[54].

Por otra parte, las creencias y juicios de valor se presentan continuamente, los cuales impiden que los decisores tomen en cuenta alternativas que pueden ser más oportunas si se analiza la información con que se cuenta con el fin de disminuir el riesgo de cometer un error al tomar una decisión. Es toral considerar las variables tanto exógenas y endógenas, para conocer los posibles resultados negativos que pueden suceder. Generalmente los actores de la arena pública deciden de manera precipitada.

> "la toma de decisiones se caracteriza por elegir sobre la base de la intuición sin análisis previo de las variables externas e internas, que

---

52 Elinor Ostrom, *Comprender la diversidad institucional*, México, Fondo de Cultura Económica, 2015, p. 10.

53 Marco Rodríguez, Op. cit., p. 126.

54 Javier Elguea, Op. cit., p. 115.

> inciden en la buena marcha de la organización originando situaciones de ambigüedad y resultados no esperados"[55].

La toma de decisiones debe llevarse a cabo por administradores públicos que cumplan con las características necesarias en cuanto a conocimiento y experiencia laboral para que estas capacidades les permitan elegir de manera adecuada, con el fin de cumplir con los objetivos de las instancias gubernamentales.

1.2.4.1. Racionalidad en la Administración Pública

En la Administración Pública Local los miembros del ayuntamiento deben elegir la mejor opción en la toma de decisiones en beneficio de la población, disminuyendo el riesgo no solo de afectar a los ciudadanos, sino también a las instituciones públicas.

Los directivos del gobierno local deben contar con entendimiento de lo que significa la Administración Pública para tomar decisiones adecuadas que demandan su cargo.

> "la idea de Simon, de advertir que el tomador de decisiones como ser humano está sujeto a errores, sin embargo, nuestra opinión es en el sentido de buscar que el tomador de decisiones aumente sus conocimientos de los diversos conceptos, teorías administrativas, procesos de decisión, formas de tomar decisiones, técnicas y métodos, para que éste las incorpore al desarrollo de sus actividades buscando con ello acercarse más a la racionalidad"[56].

Asimismo, Antonio Camou menciona "La respuesta deberá ser la racionalización y la modernización del Estado para lograr una planificación general capaz de anticipar los problemas"[57]. Por otra parte, no debe olvidarse que el administrador público tiene la obligación de gestionar apropiadamente para que el aparato burocrático en el que labore, continúe su funcionamiento de manera óptima. Por lo tanto, la elección racional sostiene que las decisiones deben tomarse

---

55 Marco Rodríguez, Op. cit., p. 127.

56 Ibídem, p. 128.

57 Antonio Camou, *Gobernabilidad y Democracia,* México: Instituto Federal Electoral, 2013, p. 18.

en beneficio de los individuos y de la misma organización. Los organismos públicos necesitan instituirse de manera racional, las distintas áreas que conforman a las instituciones tanto administrativas como políticas deben utilizar los medios con los que cuenta de manera eficiente y eficaz para lograr los objetivos que se quieren lograr. De tomarse decisiones adecuadas de manera constante se logrará crear una especie de simbiosis en los órganos público administrativos.

> "La toma de una decisión administrativa es correcta siempre y cuando se elijan los medios apropiados para alcanzar los fines que se han señalado. Para acercarse a la perfección en la toma de decisiones, es preciso estudiar la noción de la racionalidad para comprender y seleccionar los medios más eficaces que permitan el logro de los objetivos planteados"[58].

Las decisiones no deben tomarse de manera aislada, es decir, no sólo los miembros que se encuentran a cargo de direcciones son los únicos elementos que deben decidir en una institución pública; también es apropiado tomar en consideración la opinión e ideas de los miembros de la burocracia de los demás niveles jerárquicos. De esta manera, la elección puede ser más certera y obtener los resultados que se esperan, lo cual significa optimizar el funcionamiento de los órganos burocráticos y brindar al ciudadano resultados de calidad. "La toma de decisiones en grupo, donde la participación de los trabajadores es importante para la elección, que se busca mediante esta medida una elección más racional"[59].

En la misma tesitura, los administradores públicos deben tener una capacitación constante para que se encuentren actualizados y aprendan nuevas formas de trabajar, nuevos procedimientos y que adopten nuevas prácticas laborales, para responder de manera eficiente a las demandas de las comunidades. Asimismo, implica la innovación de distinta índole que deben adoptar los ayuntamientos.

Depende en gran medida de la elección racional para que la Administración Pública Municipal funcione de tal forma que logre los

---

58 Marco Rodríguez Op. cit., p. 124.

59 Ibídem, p 132.

objetivos esperados y que mantenga e incremente el desarrollo de sus habitantes.

1.2.4.2. Hacienda pública municipal

La Administración Pública Municipal utiliza recursos económicos para llevar a cabo sus labores dirigidas a la conservación e incremento del bienestar social. A estos medios se les denomina Hacienda pública, "conjunto de recursos financieros y patrimoniales de que dispone el gobierno para la realización de sus fines"[60].

Éstos deben ser gestionados de manera que generen beneficios a los ciudadanos, es menester emplearlos de forma racional, de tal forma, que los gobiernos locales no los utilicen sin generar valor público. La gestión de la hacienda pública se encamina para generar crecimiento social por medio de la generación de servicios públicos que incrementen la calidad de vida de los ciudadanos. Es decir, "La Administración Pública, por ser la responsable directa del manejo y gestión de los recursos públicos... se coloca como la institución con mayor experiencia en el manejo y desarrollo de instrumentos tendientes a incrementar los niveles de eficiencia, eficacia y economía en el uso y destino de los recursos públicos"[61].

La decisión de la Administración Pública Municipal en la distribución de los recursos públicos debe enfocarse partiendo del bien general y no del individual, la racionalización del erario público significa incrementar el bienestar de vida de la población en su totalidad y no el de un solo segmento. Cuando el ayuntamiento planifica para la atención homogénea de los ciudadanos, puede decirse, que esta utilizando de manera útil los recursos públicos.

---

60 Instituto Nacional para el Federalismo y Desarrollo Municipal (diciembre 2004 [citado el 12 de octubre2018]): disponible en http://www.inafed.gob.mx/work/models/inafed/Resource/336/1/images/TOMO_4_las_finanzas_munici pales.pdf

61 Rina M. Aguilera, Fernando Castañeda, *Nuevos Horizontes de las Ciencias Sociales. Debate sobre diversas perspectivas metodológicas,* México, La Biblioteca, p. 103.

> "...el principio económico esencial: el gasto debería ordenarse de manera tal que se maximizaran los beneficios sociales. Reorganizando el cuadro del gasto público, sin alterar su total, el Estado pudiera aumentar la suma de beneficios disertados por la población en general, se estaría aproximando al punto de distribución óptima de recursos"[62].

El trabajo de las instituciones públicas debe ser en todo momento pensando en el progreso social, es decir, brindar servicios públicos de calidad por medio de decisiones racionales tanto políticas (Cabildo) como administrativas (ayuntamiento). "Las decisiones sobre la cantidad y calidad de los servicios deben adoptarse colectivamente a través de un conjunto de principios institucionales que permitan alcanzar decisiones político-administrativas"[63]. El uso de la hacienda pública no se dirige a la ganancia de capital, de liquidez o incremento del mercado, su esencia es mantener el desarrollo humano.

> "Aún cuando las operaciones del erario público suponen flujos monetarios de ingresos y gastos, los problemas básicos no se ocupan de liquidez o mercados de capital. En lugar de ello, son problemas de asignación de recursos, de distribución de renta, de pleno empleo y de desarrollo"[64].

La Administración Pública Local, en lo que concierne a la utilización de recursos económicos debe tener presente el principio de eficacia, el cual, le permitirá llevar a buen término sus tareas. "Eficacia administrativa implica que la cantidad de recursos reales para administrar cualquier tipo gasto público habrá de ser mínima"[65].

El engranaje más racionalizado que existe al interior de las instituciones públicas es el que controla los recursos económicos, por lo que en ningún momento debe perder el control de sus funciones. El engranaje público administrativo se desempeña con el objetivo de que sus ingresos y gastos se comporten de manera estable a lo largo

---

62 Enrique Fuentes, *Hacienda Pública*, Madrid, gregos, p. 59.

63 James Buchanan, *La Hacienda Pública en un Proceso Democrático*, Madrid, Aguilar, 1973, p. 21.

64 Richard Musgrave, *Teoría de la Hacienda Pública*, España, Aguilar, 1969, p. 3.

65 Enrique Fuentes, Op. cit., p. 130.

del tiempo. "El comportamiento racional del gobierno espera que su renta y su gasto fluctúen a lo largo del tiempo de manera estable"[66].

Richard Musgrave, menciona que el Estado tiene tres brazos económicos, los cuales son: la *estabilización* de la economía, la *asignación* de recursos y la *distribución* de bienes.

> "... la estabilización; su cometido es conseguir que la economía permanezca en el nivel de pleno empleo con precios estables... la asignación, el Estado interviene de forma en que asigna sus recursos, tanto directamente comprando bienes como defensa y educación, como indirectamente, por medio de impuestos y subvenciones. La distribución, se ocupa de la forma en que los bienes producidos por la sociedad se distribuyen entre sus miembros"[67].

Por otra parte, los ayuntamientos antes de llevar a cabo su gasto necesitan crear un plan de trabajo contemplado a corto, mediano y largo plazo, tomando en cuenta los actores políticos, administrativos y sociales que son participes. De la misma manera, tanto los riesgos como los efectos negativos que se pueden tener. "La determinación de un programa adecuado de gastos implica un conocimiento de sectores tan amplio como el del efecto de los gastos públicos..."[68].

No siempre son suficientes los recursos con los que cuentan los ayuntamientos para realizar sus tareas. Por ello, pueden recurrir al préstamo de capital que lo otorga el Gobierno Federal por medio de la Secretaría de Hacienda y Crédito Público. Al préstamo de capital emitido por el Gobierno Federal se le conoce como deuda pública. "Nos referimos a la deuda pública en cuanto a institución fiscal a través de la cual una colectividad puede financiar los bienes y servicios públicos..."[69].

Debe mencionar que la Administración Pública Local, debe utilizar de manera racional los recursos obtenidos por parte del Gobierno Federal. El hecho de haber decidido generar deuda pública no significa que la utilizará de manera desproporcionada. El empleo del

---

66 James Buchanan, Op. cit., p. 227.

67 Joseph E. Stiglitz, La economía en el sector público, Barcelona, Antoni Bosch, 2000, p. 28.

68 Philip E. Taylor, *Economía de la Hacienda Pública*, Madrid: Aguilar, 1960, p. 5.

69 James Buchanan, Op. cit., p. 286.

nuevo recurso por parte del ayuntamiento, debe mantener el discurso racional. "La confianza en la deuda pública puede muy bien conducir a un comportamiento más racional en la elección"[70].

Mediante la deuda pública, la Administración Pública Municipal tendrá más certidumbre de cumplir con sus objetivos de gobierno. Asimismo, tiene la libertad de administrar sus recursos como mejor convenga tanto a sus fines como a sus obligaciones.

> "Procederá así porque esta alternativa es la única que le permite una libertad total de elección en el ajuste de su patrón renta-gasto a lo largo del tiempo. La deuda pública como institución permite efectivamente al individuo satisfacer de manera óptima la obligación que se le ha asignado y es la única alternativa de obtención de ingresos que cumple con esto"[71].

Por lo anterior, la Administración Pública Local debe utilizar la hacienda pública de manera lógica, entendiendo ambos términos como el uso de los recursos económicos de manera óptima para cumplir con su plan de trabajo con el fin de satisfacer las demandas de la población.

1.2.5. El Multiculturalismo

Las sociedades se han conformado por comunidades que tienen diferentes costumbres, forma de vida, creencias, dialectos y tradiciones. Sin embargo, esto no significa que las comunidades minoritarias, sufran exclusión social por parte del gobierno y de la sociedad. El discurso del multiculturalismo argumenta que los gobiernos deben respetar los derechos de los grupos étnicos, así como responsabilizarse de su desarrollo social. "En las sociedades multiculturales, la coexistencia de las formas de vida en igualdad de derechos significa para cada ciudadano una oportunidad asegurada de crecer de una manera sana..."[72].

---

70 Ibídem, p. 121.

71 Ibídem, p. 288.

72 Charles Taylor, *El multiculturalismo y "la política del reconocimiento"*, México, Fondo de Cultura Económica, 2009, p. 189.

Las comunidades multiculturales han vivido como miembros aislados de una minoría nacional que se han alejado de la concentración de un territorio. Los grupos étnicos deben ser apoyados para que puedan desarrollarse plenamente. "En relación con los derechos aborígenes en Canadá, la integridad de su cultura ha requerido que les asignen más recursos que a los demás para que puedan florecer"[73].

Por lo cual, es necesario que los gobiernos locales incluyan a los grupos vulnerables al desarrollo colectivo, que cree una comunicación directa con los grupos multiculturales para que los haga partícipes en la vida pública con el fin de que las comunidades étnicas puedan desarrollarse de manera plena. "... una esfera pública que funcione con estructuras de comunicación no cerradas. Entonces el proceso democrático de realización de iguales derechos... puede abarcar también la garantía en igualdad de derechos de los diferentes grupos étnicos y sus formas culturales de vida"[74]. De igual manera, la diversidad étnica no debe entenderse como un conjunto de grupos sociales aislados, es decir, aunque existan diferencias culturales entre distintos grupos poblacionales, puede llevarse a cabo una relación colectiva; Iris Young menciona:

> "...los grupos culturales han de auto-considerarse como participantes de la misma sociedad, como parte de una única organización política, cuyos procedimientos comunes de toma de decisiones se considera que vinculan legítimamente a todas las personas por igual. La diferencia cultural en el seno de un Estado debería acomodarse mediante los derechos diferenciados en función del grupo dentro de una única sociedad... y no mediante la creación de dos o más sociedades separadas dentro de un Estado"[75].

Desde hace tiempo, grupos poblacionales han vívido por medio de prácticas distintas de los grupos mayoritarios, por lo que los segundos los han excluido, como consecuencia los grupos étnicos han sufrido rezago social. En el mismo sentido, "hace siglos de aculturación todavía buena parte de ellas se rige por el sistema de usos y

---

73 Ibídem, p. 74.

74 Ibídem, p. 185.

75 Iris Young, *Together in Difference: Transformig the Logic of Group Political Conflict,* en Will Kymlicka, *Ciudadanía multicultural,* España, Paidós, 1996, p. 181.

costumbres, aunque en determinadas cuestiones con ciertos matices híbridos"[76].

Dada la manera en que las comunidades étnicas han quedado rezagadas, los Estados democráticos en la actualidad tienen la obligación de apoyar a los grupos que se encuentran en desventaja con las culturas mayoritarias. En este sentido Will Kymlicka menciona "minorías y mayorías se enfrentan cada vez más respecto de temas como los derechos lingüísticos, la autonomía regional, la representación política y el currículum educativo"[77]. Asimismo, las sociedades modernas han sufrido estratificación debido a la desocupación del Estado por generar desarrollo social, si bien ha existido desarrollo económico, la distribución de la riqueza ha sido desigual. Mientras los grupos mayoritarios han evolucionado socioeconómicamente los grupos que se rigen por usos y costumbres se mantienen en atraso socioeconómico. "En la modernidad, las formas rígidas de vida sucumben a la entropía"[78].

Es inaplazable que el Estado ejecute medidas para responder a los derechos de los grupos que se rigen por usos y costumbres; lo cual significa no solo reconocer sus características culturales, sino dar garantía a necesidades primarias como son: ingreso, salubridad y educación. En este sentido, Charles Taylor menciona:

> "... las instituciones públicas, deben fomentar los valores culturales particulares... los funcionarios y las instituciones públicas encargados de realizar las elecciones culturales también serán democráticamente responsables no sólo en principio sino también en la práctica"[79].En la misma tesitura argumenta: "Lo que acude en defensa del multiculturalismo no es la supervivencia de las subculturas sino los resultados de las deliberaciones democráticas..."[80].Por lo tanto, no debe existir una desvinculación entre el Estado y los grupos étnicos, mientras el primero no lleve a cabo medidas de entendimiento con los grupos multiculturales por medio del gobierno, no podrá adherirlos al desa-

---

76 Humberto Polo, *Administración pública comunitaria y gobierno local en México: Las autoridades auxiliares municipales*, México, INAP, p. 42.
77 Will Kymlicka, *Ciudadanía multicultural*, España, Paidós, 1996, p. 13.
78 Charles Taylor op. cit., p. 189.
79 Ibídem, p. 34.
80 Ídem.

> rrollo social[81]. "Esta separación del Estado y la etnicidad imposibilita cualquier reconocimiento legal o gubernamental de los grupos étnicos, así como cualquier uso de criterios étnicos en la distribución de derechos recursos y deberes"[82].

Por otra parte, los usos y costumbres que han utilizado los grupos étnicos, son actividades que se encuentran arraigados a su vida, a su cultura, a su identidad, elementos que el multiculturalismo defiende. Por usos se entiende "...formas de conducta social, ordinariamente regionales con el propósito de mantener una convivencia social basada en el respeto al derecho de los demás y al propio"[83]. La costumbre es "desde el punto de vista sociológico es la repetición de conductas de las personas que habitan en una comunidad, de manera constante uniforme y general, que se consideran obligatorias y se reconocen válidas y legalmente obligatorias para todos"[84].

Ambos elementos son los que dan forma y significado a las comunidades multiculturales. Grupos sociales que en todo momento han sido frágiles, los cuales no han podido evolucionar, debido a la respuesta lenta a sus necesidades de los gobiernos municipales.

La Administración Pública como eje del gobierno local no ha actuado para hacerse responsable de las necesidades de las minorías étnicas. Citando a Guerrero: "... la Administración Pública, además de ser el natural "conducto para el establecimiento de la dominación del Estado y para el ingreso de las demandas provenientes de la sociedad"[85]. Por otra parte, recuperando a Uvalle: es la "parte activa

---

81 Apoyar a los indígenas desde la base, *Organización Mundial de la Propiedad Intelectual*, citado el 1 de abril 2019, disponible en: https://www.wipo.int/wipo_magazine/es/2014/01/article_0003.html (La Universidad Simon Fraser de Canadá ha realizado el programa Intellectual Property Issues in Cultural Heritage (IPinCH) para dar respuesta a las comunidades indígenas. Los miembros del proyecto recopilan información de las comunidades multiculturales para que el gobierno de respuestas adaptadas a las necesidades de cada comunidad por medio de políticas en materia de desarrollo).

82 Will Kymlicka, Op. cit., p. 16.

83 Carlos Humberto Durand, *El derecho al desarrollo social, una visión desde el multiculturalismo, el caso de los pueblos indígenas, México,* Porrúa, 2008, p. 390.

84 Ibídem, p. 387.

85 Ibídem, p. 40.

e indiscutible de la vida en comunidad... la Administración Pública cumple tareas fundamentales para la vida pública y también para la vida privada, al grado de convertirse en una institución capaz de edificar las condiciones de bienestar en la vida asociada"[86].

Por lo tanto, es competencia de la Administración Pública Municipal, laborar para que las comunidades multiculturales logren mejorar su calidad de vida.

> "Corresponde pues a la Ciencia de la Administración Pública abordar el vehículo de la Administración Pública comunitaria y desentrañar los diferentes aspectos que la conforman para afinar detalles, arreglar defectos, cambiar artefactos e impulsar su fortalecimiento, de esa forma, garantizar la ejecución de la voluntad del Estado en cualquier parte de su *imperium* "[87].

De no responder la Administración Pública Local a las demandas de las comunidades multiculturales, la descomposición de éstas será mayor. Debe mencionarse que las minorías étnicas han padecido opresión, desprecio y marginación. Por lo tanto, es necesario que sean reconocidas, no solo por el gobierno, también por los grupos mayoritarios. Las instituciones públicas no pueden negarse a tomar en cuenta el reconocimiento de los grupos étnicos. Es menester su aceptación, así como la respuesta a sus necesidades sociales.

Un grupo social solo puede desarrollarse y elevar su calidad de vida si es reconocido por su gobierno. Friedrich Hegel considera fundamental el hecho de que sólo podemos florecer en la medida en que se nos reconoce"[88]. De la misma manera es necesario que exista empatía social, es decir entender al otro, respetar el derecho del otro, generando un vínculo con uno mismo. Rousseau enuncia: "...un propósito común, en que "el 'yo' es 'nosotros' y 'nosotros' el 'yo'"[89].

Todo ser humano, tiene el derecho de participar en el desarrollo económico, político, social, así como cultural. Los grupos multicultu-

---

86 Ídem.
87 Ibídem, p. 62.
88 Charles Taylor, Op. cit., p. 86.
89 Ídem.

rales podrán elevar su calidad de vida si forman parte de la colectividad, solo si forman parte de un todo. Aludiendo a Norberto Bobbio: "...el de orden, o de equilibrio o de armonía, o de concordia de las partes de un todo"[90].

1.2.5.1. Justicia social en el Municipio

El ayuntamiento debe actuar conforme a derecho para hacer valer los privilegios de los grupos multiculturales. Hacerlos valer de manera pragmática, no solo permanezca en el discurso político. La Administración Pública Municipal ha perdido su pragmatismo en materia de desarrollo social de los grupos indígenas, debe restaurar sus funciones públicas dirigidas al rezago social, al deterioro humano; es necesario que retome la construcción de la cohesión social. El Gobierno Municipal debe accionar las normas jurídicas en pro de las comunidades étnicas. Por tanto, "La cuestión del "derecho" o de los "derechos" de las minorías ofendidas y despreciadas gana con ello un sentido jurídico. Las decisiones políticas se sirven de la forma regulativa del derecho positivo..."[91]. En la misma tesitura John Rawls y Ronald Dworkin mencionan: "la justicia exige eliminar o compensar los perjuicios inmerecidos o «moralmente arbitrarios», particularmente si éstos son profundos y extendidos..."[92].

Entonces puede dilucidarse que la justicia existe solo si se lleva a cabo de manera real, es decir, de manera práctica. En este tenor, Norberto Bobbio, alude a Aristóteles explicando la relación entre justicia y legalidad: "...justa la acción llevada a cabo en conformidad con las leyes (no importa que sean leyes positivas o naturales), justo es el hombre que observa habitualmente las leyes"[93].

Por lo tanto, mientras el gobierno no sea justo con sus habitantes no podrá construirse una sociedad digna. Charles Taylor ha expuesto su preocupación sobre la falta de reconocimiento de los grupos

---

90 Norberto Bobbio, Igualdad y libertad, Barcelona, Nova-Gráfik, 1993, p. 57.
91 Charles Taylor, Op. cit., p. 174.
92 Will Kymlicka, Op. cit., p. 177.
93 Norberto Bobbio, Op. cit., p. 57.

vulnerables. "La política de la dignidad igualitaria se basa en la idea de que todos los seres humanos son dignos de respeto por igual. Su fundamento lo constituye la idea de lo que en los seres humanos merece respeto, por mucho que tratemos de apartarnos de este trasfondo "metafísico"[94]. De la misma manera, afirma que el gobierno debe proteger a las comunidades étnicas, lo cual implica una posición moral y jurídica que responda a las necesidades de los grupos oprimidos. El Estado debe tener un plan de desarrollo para mitigar el deterioro social, sin afectar la cultura de los grupos minoritarios. La erosión humana no debe permitirse en las democracias liberales.

> "... una sociedad con poderosas metas colectivas puede ser liberal cuando también sea capaz de respetar la diversidad, en especial al tratar a aquellos que no comparten sus metas comunes, y siempre que pueda ofrecer salvaguardias adecuadas para los derechos fundamentales. Sin duda habrá tensiones en la búsqueda simultánea de esos objetivos, pero tal búsqueda no es imposible y los problemas no son, en principio, mayores que aquellos con los que tropieza cualquier sociedad liberal que tenga que combinar, por ejemplo, libertad e igualdad, o prosperidad y justicia."[95]

Por lo tanto, para que exista crecimiento social "en conjunto" debe considerarse un gobierno justo. Solamente puede emanciparse una sociedad multicultural en la que todos sus miembros tengan beneficios, si y solo sí, toda la colectividad pueda desenvolverse en un entorno social sano. En este sentido David Hume enunció que "... la concepción de la justicia como una ganancia mutua por sobre una línea de base de desacuerdo"[96]. De manera que, un gobierno debe ser incluyente en un territorio determinado ya que conviven distintos grupos sociales, pero conforman una sola sociedad.

---

94 Charles Taylor, Op. cit. p.74.

95 Ibídem, p. 99.

96 Brian Barry, *Teorías de la justicia*, España, Gedisa, 2001, p.162.

1.3. LAS POSIBILIDADES DE LA GOBERNABILIDAD DEMOCRÁTICA Y GOBERNANZA PARA SUPERAR EL REZAGO SOCIAL

En respuesta a los problemas de gestión social que ha presentado el gobierno surgen dos enfoques: la gobernabilidad y la gobernanza democrática, como instrumentos para eficientar las acciones del mismo con el fin de dar solución al rezago social. Por una parte, la gobernabilidad democrática trata de mejorar la conducción social del gobierno y de la Administración Pública para el beneficio de todos los habitantes que la conforman; esto implica mermar el rezago social que padecen los grupos multiculturales. Por otra, la gobernanza permite que otros actores que en un principio son ajenos a la arena pública, sean partícipes para mejorar las condiciones de vida de los grupos étnicos, como son Organizaciones no Gubernamentales o miembros del sector privado. Ambos instrumentos tienen el objetivo de incrementar los índices de educación, vivienda y salud de la población.

1.3.1. El significado social de la gobernabilidad democrática

Los Municipios en la actualidad yacen en un dinamismo complejo, por lo cual la Administración Pública Municipal no puede operar de manera aislada para gestionar a su población, por ello es necesario el apoyo, coordinación e interacción de la Administración Pública Estatal y Federal. También, existen otros actores que deben ser participes como el sector privado y la participación social. De contribuir los actores mencionados para el desarrollo social se puede decir que existe gobernabilidad, la cual es necesaria para dar solución a las demandas sociales y cubrir los servicios básicos que los ciudadanos requieren en los municipios que padecen de rezago social.

> "El concepto de gobernabilidad puede hacer alusión a dos ideas: la primera se establece con los informes del Banco Mundial (1997), donde se define como un estilo de gobierno caracterizado por el mayor grado de cooperación e interacción del Estado y los actores no estatales para generar decisiones mixtas entre lo público y lo privado y lo social. La segunda enmarca a la coordinación de las acciones

individuales, que se pueden entender como fuentes primarias para la construcción del orden social"[97].

De igual modo, la existencia de la democracia es fundamental si se quiere hacer referencia a la gobernabilidad, entre más democrática es una sociedad, mayor será el grado de gobernabilidad que tendrá un gobierno para responder a las necesidades ciudadanas. "...la democracia es una forma de gobierno, la gobernabilidad... es más bien un estado, una propiedad o una cualidad que nos indica el "grado de gobierno" que se ejerce en una sociedad; ese grado de gobierno está representado por un nivel de equilibrio dinámico entre demandas sociales y capacidad de respuesta gubernamental"[98].

De la misma manera, es necesaria la participación del sector privado, organizaciones no gubernamentales, para que trabajen en conjunto con el gobierno Municipal, así como la intervención de los habitantes para que los ayuntamientos brinden servicios públicos eficientes para alcanzar el pleno desarrollo de las comunidades multiculturales. Por consiguiente:

"Son prioridades el suministro de servicios sociales, la manutención de infraestructura física... incluyendo actividades tales como la educación, la salud, los sistemas de transporte, servicios públicos, la protección del medio ambiente y la promoción del desarrollo tecnológico"[99]. La Administración Pública debe funcionar como fuente de ascenso social.

Son diversos los órganos que se encuentran involucrados para que la gobernabilidad exista y logre elevar el desarrollo social, de fallar el funcionamiento de alguno de estos actores debilita la gobernabilidad y con ello merma las condiciones de vida de los ciudadanos. "La gobernabilidad es un fenómeno sistémico. Depende de numerosas

---

97 Robert, Putnam, "Para que la democracia funcione. Las tradiciones cívicas en la Italia moderna." (Madrid, 2011), citado por Jaime Espejel, "Gobernabilidad y gobiernos municipales en el Estado de México," en Revista iapem, *El municipio a 495 años de su creación,* no. 88 (Mayo-Agosto, 2014), p. 54.

98 Antonio Camou, Op. cit., p. 37.

99 Banco Mundial, "Informe económico mundial." Washington, 1988, en Ibídem, p. 73.

variables interrelacionadas de tal manera que, si una falla, tiende a afectar a todas las otras"[100].

La acción de diversos entes en la Administración Pública, ayudan al ayuntamiento a incrementar su capacidad de alcance de objetivos y metas. "La gobernabilidad tiene como causa la capacidad gubernamental de todos los entes que intervienen en la función pública; y como efecto, las acciones gubernamentales derivadas de planes, programas, proyectos, orientados a objetivos y metas específicas"[101].

Los ayuntamientos no han mejorado la comunicación con los habitantes de las comunidades que se rigen por el sistema de usos y costumbres, con el fin de lograr consensos para mejorar las condiciones de vida de las comunidades multiculturales desposeídas. Cabe recordar que el municipio es la región administrativa en la que la Administración Pública tiene más cercanía con las personas.

> "...el municipio es caracterizado como la célula político-administrativa donde se registra el mayor acercamiento entre el gobierno y la sociedad. Las demandas que se presentan ante la autoridad elegida por una comunidad, con cada vez menos lazos sanguíneos, tradiciones o costumbres comunes... está convirtiendo al municipio en un centro que requiere un alto dinamismo"[102].

La comunicación entre los ayuntamientos y su población es toral para mejorar las condiciones de vida de las comunidades indígenas, para mermar los enfrentamientos que existen entre los habitantes y el gobierno Municipal. Es necesaria una fórmula institucional, es decir mecanismos, que utilice el ayuntamiento para que exista una negociación con los grupos indígenas. De no existir una comunicación eficiente entre la Administración y el ciudadano no pueden llevarse a cabo las actividades necesarias para cumplir las necesidades de la población. "La Administración Pública, entendida como la actividad

---

100 Ibídem, p. 70.

101 Carlos A. Arce, *La gobernabilidad democrática: una perspectiva para el desarrollo,* México, Porrúa, 2006, p. 127.

102 Arnaldo Córdova, *La formación del poder político en México,* México, 2000, citado por Jaime Espejel, "Gobernabilidad y gobiernos municipales en el Estado de México," en Revista iapem, *El municipio a 495 años de su creación,* no. 88 (Mayo-Agosto, 2014), p. 62.

del gobierno en la sociedad, tiene que dar tratamiento y respuesta a las demandas, considerando su naturaleza público- social"[103]. Por lo tanto, es necesario que exista un gobierno local que dirija a la Administración Pública para brindar servicios públicos de calidad.

> "Se trataría de crear un gobierno catalítico, que no reme sino que timonee, un gobierno que pertenezca a la comunidad, y que permita actuar a los agentes económico-sociales; un gobierno competitivo que introduzca este elemento en la provisión de servicios; un gobierno con un sentido de misión... un gobierno orientado a obtener resultados... "104.

Es fundamental que todas las instituciones que trabajan para el desarrollo social se encuentren coordinadas y en constante comunicación. Sólo de esta manera los organismos involucrados podrán dar resultados para que los municipios prosperen.

> "si participan de manera eficiente todos los entes públicos se tiende a facilitar la gobernabilidad de un sistema político ya que se asegura la *homeostasis* del sistema, es decir, la tendencia al equilibrio y la estabilidad, como reflejo del poder vinculado al concepto de optimización del proceso de dirección y como el elemento de mando para la coordinación... para reservar la permanencia y fortaleza gubernamental proporcionados por las instituciones"[105].

Cuando un gobierno no actúa de manera coordinada con los actores mencionados, sus funciones se encontrarán en desequilibrio lo cual lo llevará a la antítesis de la coordinación política-administrativa que es la ingobernabilidad. En otros términos, "La ingobernabilidad consiste en un estado de desequilibrio, o de desfase, entre el mayor número de las demandas sociales y las menguadas capacidades de respuesta del gobierno..."[106].

Por lo cual, la gobernabilidad es el elemento fundamental que se conforma por el trabajo coordinado entre el gobierno, la Admi-

---

103 Ricardo Uvalle, "El valor social de la administración pública, Rina Aguilera, Fernando Castañeda en *Nuevos horizontes de las Ciencias Sociales*", México, La Biblioteca, Facultad de Ciencias Políticas y Sociales, UNAM, 2016, p. 43.

104 Luciano Tomassini, Op. cit., p. 52.

105 Carlos A. Arce, Op. cit., p. 127.

106 Ibídem, p. 128.

nistración Pública, actores de carácter económico y de participación social; para que los órganos respondan a las demandas ciudadanas, como efecto mantengan su legitimidad institucional. Asimismo, continúa siendo crucial para la gobernabilidad la lucha contra el rezago social, por lo cual son necesarias políticas sociales activas que disminuyan la vulnerabilidad de los grupos étnicos, solo de esta manera se puede considerar que existe una gobernabilidad democrática.

1.3.1.1. Orientación económica

Uno de los factores más relevantes para mantener el desarrollo social por medio de la gobernabilidad es la forma en que la Administración Pública Municipal gestiona sus recursos económicos. Es decir, incrementar la capacidad del gobierno para promover el bienestar de la ciudadanía, mediante una gestión eficaz de la economía. Por medio de una administración eficiente y estable de la economía los ayuntamientos lograrán su desarrollo social utilizando programas y proyectos. La importancia de la gobernabilidad radica en que la administración de los recursos mencionados, se utilicen de manera óptima.

"La viabilidad, eficiencia y estabilidad de la economía, y los resultados de los programas y proyectos que se emprendan como consecuencia de ella, dependen tanto de la estrategia de desarrollo que se escoja… y el grado de participación de los distintos sectores sociales"[107]. Por lo cual, la estabilidad de la gobernabilidad solamente se mantendrá si continúa la participación de los distintos actores en la arena pública. "Supone la incorporación a la actividad económica un creciente número de agentes socioeconómicos actualmente excluidos, como la microempresa, los empleados por cuenta propia… pasando por el fortalecimiento de la pequeña y mediana empresa…"[108].

Podemos decir de esta forma que es necesaria la inclusión de entes económicos que no han tomado en cuenta los ayuntamientos,

---

107 Luciano Tomassini, Op. cit., p. 70.

108 Ibídem, p. 46.

deben adherirlos en su plan de desarrollo, de otra forma la economía local no será sostenible y los planes de gobierno no serán eficientes, en consecuencia la población de los municipios no tendrá el desarrollo social que demanda. De acuerdo con Joseph Stiglitz, "Las sociedades sumamente desiguales no funcionan de forma eficiente, y sus economías no son ni estables ni sostenibles a largo plazo"[109]. Por lo tanto, para que se lleve a cabo el desarrollo social es necesario que los ayuntamientos modifiquen la manera de administrar sus recursos para elaborar programas sociales que contribuyan a mejorar la calidad de vida de la población. En este caso, la ausencia de gobernabilidad en el gobierno Municipal evita que los recursos públicos se utilicen de manera eficiente. Por consiguiente, "la gobernabilidad es una propiedad de los sistemas políticos, definida por su capacidad para alcanzar objetivos prefijados al menor costo posible"[110]. El crecimiento social de un Municipio solo será estable a largo plazo si no existen diferencias socioeconómicas abruptas en la población.

Es fundamental que los ayuntamientos consideren en sus planes de gobierno incluir a la participación de las empresas para que exista inversión, de esta forma el capital del ayuntamiento será más alto. La participación del sector privado en la esfera pública es sustancial para que exista una gobernabilidad consolidada.

Con el fin de fortalecer la economía del Municipio, es importante que el ayuntamiento tome en cuenta su vocación económica para invertir en ésta, e incorporarla en el proceso productivo del gobierno. En consecuencia, "La actividad económica es consustancial a la distribución del ingreso en el marco de una política gubernamental para el desarrollo integral"[111].

El comportamiento de la economía de un Municipio depende en gran medida de la cooperación que exista por parte de las instituciones del sector público, del mercado, así como la descentralización de su gestión en materia económica; de esta manera, pueda fortalecer su gobernabilidad. Es decir, "la convicción de que el Estado debe

---

109 Joseph Stiglitz, *El precio de la desigualdad*, México: Penguin Random, 2016, p. 135.

110 Antonio Camou, Op. cit., p. 18.

111 Carlos Arce, *Gobierno locales*, MÉXICO, siglo XXI, 2009, p. 252.

desprenderse de varias de sus numerosas funciones, sobre todo de las que se refieren al sector económico... procurando que el sector privado o ciertas organizaciones no gubernamentales asuman un número creciente de funciones"[112].

Por lo tanto, si un ayuntamiento cuenta con el apoyo de actores externos de la esfera pública, logrará aumentar el desarrollo social, debido al uso adecuado de los recursos económicos, por consiguiente, puede decirse que cuenta con una gobernabilidad fortalecida. En otros términos, "la gobernabilidad hace alusión a una situación en la que concurre un conjunto de condiciones a la acción de gobierno... una situación que quedará asegurada en la medida en que un gobierno pueda promover el desarrollo"[113]. Es necesaria la gobernabilidad para que el gobierno utilice sus recursos de manera óptima para el beneficio de toda la población con el fin de disminuir el rezago social.

1.3.2. La gobernanza en la construcción de consensos y acuerdos

El nuevo estilo de gobernanza dirige a los ciudadanos a través de redes, y crea mejores condiciones para enfrentar los graves problemas del desarrollo que aquejan a la población. Teniendo en consideración que ha resultado difícil para los ayuntamientos responder a las demandas ciudadanas debido a que no han mostrado capacidad para responder a éstas. Por lo tanto, en la arena pública comienzan a aparecer nuevos actores como empresas, organizaciones no gubernamentales, así como el acercamiento de los ciudadanos con los ayuntamientos para ser partícipes en los problemas de la *polis*; con la participación de nuevos actores en las contrariedades públicas surge el término *gobernanza;* por el cual se entiende:

> "Los procesos e instituciones, tanto formales como informales, que guían y enmarcan las actividades colectivas de un grupo. El gobierno

---

112 Luciano Tomassini, Op. cit., p. 72.

113 Xavier Arbós y Salvador Giner, *La gobernabilidad. Ciudadanía y democracia en la encrucijada mundial,* México, Siglo XXI, 2005, p. 6-8. Citado por Jaime Espejel *en Democracia y Gobernanza Nueva Institucionalidad y Redes Políticas,* México: Juan Pablos, 2016, p. 20.

> es un subconjunto que actúa con autoridad y crea obligaciones formales. La gobernanza no requiere exclusivamente la conducción de los gobiernos. En la gobernanza se involucran firmas, organizaciones no gubernamentales y asociaciones de ONG, frecuentemente en asociación con las entidades de gobierno, aunque algunas veces sin la autoridad gubernamental"[114].

El enfoque de la gobernanza apunta a una nueva forma de gobernar por medio de un nuevo proceso en el que se crean consensos entre los nuevos actores que participan en la arena pública para dar dirección satisfactoria a la sociedad. De acuerdo con Sue Gross la gobernanza local debe entenderse como: "La emergencia de nuevas formas de toma de decisiones colectivas a nivel local que conlleven el desarrollo de diferentes relaciones, no sólo entre organizaciones públicas, o entre éstas y las no públicas, sino también entre los ciudadanos y las organizaciones públicas"[115]. Existen prerrequisitos para el desarrollo de la cooperación entre la esfera público-privada efectiva a nivel local, éstos son: "(1) la presencia de actores tanto públicos como privados con un cierto poder para solucionar problemas, y (2) la existencia de un problema que ni los actores públicos ni los actores privados puedan resolver por sí solos"[116]. Consiguientemente, la gobernanza moderna implica la participación de ambos sectores para la solución de los problemas de carencias sociales.

De igual modo, Sana Shah y Anwar Shah mencionan que la gobernanza en su dimensión local se define como "la formulación y ejecución de la acción colectiva en el nivel local"[117].

---

114 Keohane R., J. Nye, *Governance in Globalizing World,* en Luis Fernández, *Gobernanza y gestión pública,* México D.F., Fondo de Cultura Económica, 2006, p. 88.

115 Sue Gross, *Making Local Governance Work. Networks, Relationships and the Management of Change,* en Enrique Conejero, *Globalización, gobernanza local y democracia,* Cuadernos Constitucionales de la Cátedra Fadrique Furió Ceriol, no. 52-53, 2005, p. 23.

116 Renate Mayntz, "El Estado y la sociedad civil en la gobernanza moderna ", *CLAD Reforma y Democracia,* no. 21(Oct. 2001), p. 5.

117 Anwar Shah y Sana Shah, *The New Vision of Local Governance and the Evolving Roles of Local Goverments,* en Ady Carrera y Cecilia Cadena, *Democratización de políticas públicas para el desarrollo: la experiencia de municipios de usos y costumbres en Oaxaca, México,* Paraguay, 2011, p. 2.

El conglomerado que participa para mejorar el desarrollo colectivo debe generar cambios en la estructura del gobierno y de la Administración Pública Local, con el fin de crear una gobernanza de futuro, es decir, que pueda disminuir las afecciones sociales a largo plazo. En la misma tesitura, la gobernanza no solo es el fortalecimiento del ayuntamiento, también significa desarrollar espacios locales en red para que pueda llegar a beneficiar a todos los habitantes.

La idea de gobernanza contiene dos elementos fundamentales: autogobierno y redes inter-organizacionales, y que transmite las siguientes ideas[118]:

- La interdependencia entre las organizaciones. La gobernanza es un concepto más amplio que el gobierno, que incorpora a los actores no estatales, y en donde la frontera entre lo público y lo privado resulta cada vez más borrosa.
- Las interacciones basadas en la confianza, con reglas de juego negociadas y pactadas entre los múltiples participantes.

La primera idea hace alusión a la nueva sinergia que se ha generado con la nueva participación de entes interesados en la vida pública, para dar solución a las necesidades de la población.

> "Describe en consecuencia de que varias políticas sociales y servicios públicos han comenzado a llevarse a cabo mediante formas que ya no son exclusivamente gubernamentales, burocráticas, sino que incorporan mecanismos de mercado y de participación de la sociedad y reseña que se introducen formas de asociación y cooperación del sector público con el sector privado y social para atacar problemas sociales endémicos y producir los futuros deseados"[119].

La segunda idea alude a los acuerdos que deben generarse entre los distintos participantes en la arena pública con el fin de evitar conflictos entre estos. Por lo cual, "La gobernanza tampoco implica suponer o afirmar que es un proceso en el que los sectores sociales participan de manera igualitaria, simétrica... La importancia y has-

---

118 Sue Gross, Op. cit., p. 21.

119 Luis Fernández, Op cit., p. 84.

ta predominio que algunos actores sociales tienen sobre otros en el proceso de definición de los objetivos..."[120].

La correlación entre las diversas instituciones que trabajan en conjunto con los gobiernos locales, con el fin de incrementar el bienestar social, debe crear una sinergia capaz de brindar a los ayuntamientos el alcance necesario para dar solución a los problemas públicos. De esta manera, la gobernanza surge como una nueva forma de lograr que los elementos que en un principio tenían un cometido distinto, al involucrarse en lo público logren un mismo fin, que es el bienestar común. De esta forma, "...la idea de superación del modelo de gobierno burocrático-jerárquico por un modelo cooperativo más descentralizado que apuesta por la complementariedad entre el sector público, el sector privado y las organizaciones, grupos e individuos que conforman la sociedad civil"[121].

Los gobiernos locales han perdido credibilidad ante la ciudadanía debido a las incapacidades que han mostrado durante sus administraciones, es necesario que los ayuntamientos modifiquen su forma de gobernar mostrando tanto acción como resultados materiales que mejoren la calidad de vida de los ciudadanos, disminuyendo el rezago social. Solo de esta forma los gobiernos locales podrán recuperar su legitimidad, manteniendo su labor con la participación y cooperación de otras esferas institucionales. "...los problemas de legitimidad...la complejidad creciente que enfrentan los gobiernos ha llevado a una situación de dificultad, para conservar el reconocimiento y la confianza de los ciudadanos, respecto de las políticas y programas que se implementan"[122].

Es fundamental el afianzamiento de la gobernanza para que los gobiernos locales puedan crear no solo programas sociales sino también servicios diseñados a modo de que verdaderamente responda a las necesidades de la población y no generar acciones que respondan a obligaciones reglamentarias. Asimismo, resulta toral la participación de las comunidades para que los ayuntamientos puedan respon-

---

120 Ibídem, p. 94.

121 Sue Gross, Op. cit., p. 20.

122 Francisco Moyado, Op cit., p. 33.

der a sus privaciones. Los gobiernos locales deben organizar actividades para que los ciudadanos sean participes en los asuntos públicos.

> "...fórums temáticos abiertos a los ciudadanos y las asociaciones... los consejos temáticos permanentes que permiten a los gobiernos locales configurar un marco de diálogo y consulta permanente, sobre temas concretos en los que se pretende actuar desde los poderes locales..."[123].

Si verdaderamente los ayuntamientos desean generar interés por parte de la población deben crearse actividades inclusivas, que sean dirigidas a lograr consensos con los grupos indígenas. La gobernanza local debe ser idónea para dar respuesta a las necesidades de los municipios con población regida por usos y costumbres, solo de esta manera podrán mitigarse los factores perjudiciales para la población.

1.3.3. La participación municipal en la política social

Los fines del gobierno solo pueden llevarse a cabo si las instituciones que lo constituyen trabajan de manera coordinada; cumpliendo cada una de éstas con sus funciones para lograr que la sociedad se desarrolle de manera plena. Por lo cual, los municipios deben encontrarse sostenidos por los gobiernos Federal y Estatal, para que en conjunto puedan implementar las acciones pertinentes con el fin de incrementar el bienestar social en materia de educación, vivienda, salud y seguridad. Es necesario mencionar que la participación de los grupos étnicos en la creación e implementación de las políticas sociales es fundamental.

Por lo tanto, mientras el gobierno mejore en su actuación en cuanto a la solución de las demandas ciudadanas, logrará incrementar el desarrollo local, por medio de la participación de los actores que se encuentran involucrados en la arena pública.

> "... de la *intensidad de la acción pública* como elemento que indudablemente facilita los esfuerzos en pro del desarrollo local. La capaci-

---

[123] Enrique Conejero, *Globalización, gobernanza local y democracia,* Cuadernos Constitucionales de la Cátedra Fadrique Furió Ceriol, no. 52-53, 2005, p. 29.

> dad de actores en instituciones gubernamentales y sociales para hacer converger sus esfuerzos en un momento determinado es el combustible esencial para echar a andar un motor endógeno y sostenido de desarrollo económico y social"[124].

Cabe destacar que en el municipio es donde el gobierno tiene mayor contacto con la población, siendo ésta una gran ventaja para conocer la realidad social, así como para entender las afecciones sociales. Es la Administración Pública Local el mejor interlocutor del Estado para responder a su población; "...el municipio es un espacio privilegiado para este tipo de dinámica, debido a la proximidad natural que existe entre el gobierno y la sociedad"[125].

El Gobierno Local es una estructura conformada por instancias de diversa índole que guían y blindan a la población, las cuales llevan a cabo acciones conjuntas de producción constante para dar soluciones a la problemática del rezago social.

J. Leca se refiere a ello mencionando que "a la cualidad gubernamental de *responsiveness* se añade a la cualidad de *problem solving*"[126].

Asimismo, los municipios deben generar acercamiento con la ciudadanía. Por medio de la Administración Pública Local las autoridades tienen la capacidad de comunicarse directamente con la población para que sean partícipes en el desarrollo de sus comunidades. El acuerdo entre gobierno-sociedad genera una coparticipación; un entendimiento mutuo de cooperación que erige al capital social. Robert Putman se refiere al *capital social* como "las normas generalizadas de responsabilidad junto con las redes de compromiso cívico que impulsan la confianza social y la cooperación; el capital social, entonces, reduce tanto la incertidumbre como los incentivos a no cooperar"[127].

Por consiguiente, es imperiosa la ampliación de la participación ciudadana para la resolución de asuntos públicos que son comunes

---

124 Enrique Cabrero, *Acción y desarrollo local*, México, Fondo de Cultura Económica, 2005, p.16.

125 Ana Díaz, *Gobierno locales*, México, siglo XXI, 2009, p. 278.

126 Enrique Cabrero, Op. cit., p. 26.

127 Ibídem, p. 46.

a todos los habitantes. "...«público» significa el propio mundo, en cuanto es común a todos nosotros..."[128]. El ayuntamiento se nutre con la intervención ciudadana. Por lo tanto, entre más participe sea la ciudadanía con el gobierno en resolver los problemas sociales que los afectan, se solucionarán con mayor prontitud. Cabe mencionar que la negociación y el cabildeo son componentes determinantes para lograr consensos para que el ayuntamiento pueda implementar las políticas sociales. Como lo exponen Patrice Duran y Claude Thoenig: "institucionalizar las reglas de negociación o acuerdos en los espacios locales, recuperando la noción de nodalidad desarrollada por Christopher Hood como una capacidad gubernamental para asociar "en torno a sí" los actores participantes en un esquema de ajuste mutuo. Esta capacidad gubernamental de nodalidad se muestra como una cualidad necesaria..."[129].

En la misma tesitura, "En la medida en que las acciones sociales quedan coordinadas a través del entendimiento, son las condiciones formales del consenso racionalmente motivado las que determinan cómo pueden racionalizarse las relaciones que los participantes en la interacción traban entre sí"[130].

Es necesario que exista un vínculo entre ambos actores (gobierno-población) para que la acción de la política social sea satisfactoria. Entre mayor sea el interés de un Gobierno Local por el progreso colectivo hace que una comunidad sea mas prospera. De la misma manera, el interés de los ayuntamientos por el desarrollo civil es el principal instrumento del Gobierno y de la Administración Pública, para que la población de un territorio determinado logre vivir en condiciones que generen prosperidad a sus habitantes.

---

128 Hannah Arendt, *La condición humana,* España: Paidós, 2005, p. 72.
129 Enrique Cabrero, Op. cit., p. 44.
130 Jürgen Habermas, *Teoría de la acción comunicativa, I,* México, Taurus Humanidades, 2005, p. 367.

1.4. DESARROLLO HUMANO, NORMATIVIDAD DE LA POLÍTICA SOCIAL E INDICADORES DE MEDICIÓN DEL REZAGO SOCIAL

Es fundamental que el Estado elabore una normatividad que responda a las necesidades de la población, es el eje rector que permitirá a la Administración Pública Federal llevar a cabo sus tareas enfocadas al desarrollo humano, sin impedimentos reglamentarios. De la misma manera, para eficientar la labor gubernamental el Programa de las Naciones Unidas para el Desarrollo creó un índice para medir el nivel de marginación de una población determinada; al cual se le denominó Índice de Desarrollo Humano. Por medio de éste, el gobierno obtiene datos que le ayudan a crear programas de desarrollo con el fin de incrementar el bienestar social. En este sentido, el gobierno de México ha generado sus propios indicadores para medir el nivel de carencias sociales; a partir de sus resultados se generan acciones para mitigar el rezago social.

1.4.1. Desarrollo humano y el Índice de Desarrollo Humano

Las personas que habitan en cualquier país, región o zona tienen derecho a desarrollarse de manera plena, es decir, que puedan llevar a cabo sus necesidades como individuos y ciudadanos. El desarrollo de una persona va más allá del ingreso que ésta perciba. Son diversas las necesidades de las personas que deben ser cubiertas para que pueda mencionarse que tienen un desarrollo pleno. Las capacidades más esenciales para el desarrollo humano son disfrutar de una vida larga y saludable, haber sido educado, acceder a los recursos necesarios para lograr un nivel de vida digno y poder participar en la vida de la comunidad"[131].

De esta manera, el desarrollo humano puede entenderse como: "la creación de un entorno en el que las personas puedan desarrollar

[131] Programa de las Naciones Unidas para el Desarrollo, "Informe Nacional de Desarrollo Humano", citado el 21 de mayo de 2019, disponible en: http://desarrollohumano.org.gt/desarrollo- humano/concepto/

su máximo potencial y llevar adelante una vida productiva y creativa de acuerdo con sus necesidades e intereses"[132].

Por lo tanto, el Estado tiene como finalidad garantizar el bienestar de su población, respetar sus derechos humanos, dicho de otro modo, mermar el rezago social.

Con el fin de medir la calidad de vida de las personas, se creó el Índice de Desarrollo Humano, para evaluar las condiciones de vida de una población determinada con el objetivo de ampliar su bienestar social. El Índice de Desarrollo Humano se conceptualiza como:

> "Una medida que sintetiza los logros en desarrollo humano, mide los adelantos medios de un país en tres aspectos básicos del desarrollo humano:
> * Una vida larga y saludable, medida por la esperanza de vida al nacer (indicador de salud).
> * Conocimientos, medidos por los años esperados de escolarización y los años promedio de educación en adultos (indicador de educación).
> * Un nivel de vida decoroso, medido por el INB[133] per cápita (en dólares, PPC) (indicador de ingreso)"[134].

De esta manera, un gobierno puede evaluar la situación de carencias que padece su población, con el fin de ampliar las capacidades de los individuos para lograr una vida favorable; no solo para un segmento de sus habitantes, sino para todos sus pobladores.

1.4.2. Elementos normativos de la política social

La Ley General de Desarrollo Social (LGDS) es la normatividad principal que utiliza el Estado para generar bienestar a la población; ésta contiene los derechos de las personas que deben ser respetados para vivir de manera plena. Explica la manera en que se utiliza

---

132 Programa de las Naciones Unidas para el Desarrollo, "Informe Nacional de Desarrollo Humano", citado el 21 de mayo de 2019, disponible en: http://desarrollohumano.org.gt/desarrollo- humano/concepto/

133 Ingreso Nacional Bruto.

134 Programa de las Naciones Unidas para el Desarrollo, "Informe Nacional de Desarrollo Humano", citado el 21 de mayo de 2019, disponible en: http://desarrollohumano.org.gt/desarrollo- humano/calculo-de-idh/

el financiamiento y gasto por parte del Gobierno Federal para mitigar el rezago social. De igual modo, puntualiza que algunas zonas del país son prioritarias debido a la vulnerabilidad que presentan. Describe como los gobiernos Federal, Estatal y Municipal de manera coordinada deben impulsar el desarrollo económico de la población. También, destaca las variables que deben considerarse para llevar a cabo la medición de la pobreza y declara la importancia de la participación de la población para su desarrollo.

La primera parte de la ley menciona que es necesaria la intervención de los tres órdenes de Gobierno, así como del sector privado, para incrementar su desarrollo. En su Artículo 1 en su cuarta fracción menciona: "…IV. Determinar la competencia de los gobiernos municipales, de las entidades federativas y del Gobierno Federal en materia de desarrollo social, así como las bases para la concertación de acciones con los sectores social y privado…"[135].

Además, expresa los derechos de la población que deben ser respetados, expuestos en sus artículos 6, 7, 8 y 10:

> "Artículo 6. Son derechos para el desarrollo social la educación, la salud, la alimentación nutritiva y de calidad, la vivienda digna y decorosa, el disfrute de un medio ambiente sano, el trabajo y la seguridad social y los relativos a la no discriminación en los términos de la Constitución Política de los Estados Unidos Mexicanos.
>
> Artículo 7. Toda persona tiene derecho a participar y a beneficiarse de los programas de desarrollo social, de acuerdo con los principios rectores de la Política de Desarrollo Social, en los términos que establezca la normatividad de cada programa.
>
> Artículo 8. Toda persona o grupo social en situación de vulnerabilidad tiene derecho a recibir acciones y apoyos tendientes a disminuir su desventaja.
>
> Artículo 10. Los beneficiarios de los programas de desarrollo social tienen los siguientes derechos y obligaciones:
> I. Recibir un trato respetuoso, oportuno y con calidad; acceder a la información necesaria de dichos programas, sus reglas de operación, recursos y cobertura;
> III. Tener la reserva y privacidad de la información personal;

---

[135] 135 H. Cámara de Diputados del H. Congreso de la Unión, *Ley General de Desarrollo Social*, citado el 21 de mayo de 2019, disponible en: http://www.diputados.gob.mx/LeyesBiblio/pdf/264_250618.pdf

> IV. Presentar denuncias y quejas ante las instancias correspondientes por el incumplimiento de esta Ley;
> V. Recibir los servicios y prestaciones de los programas conforme a sus reglas de operación, salvo que les sean suspendidos por resolución administrativa o judicial debidamente fundada y motivada;
> VI. Presentar su solicitud de inclusión en el padrón;
> VII. Participar de manera corresponsable en los programas de desarrollo social;
> VIII. Proporcionar la información socioeconómica que les sea requerida por las autoridades, en los términos que establezca la normatividad correspondiente, y
> IX. Cumplir la normatividad de los programas de desarrollo social"[136].

La ley mencionada expone que la población que sufre de rezago social, así como las regiones en condiciones de pobreza son prioritarias para ser atendidas por medio de programas, fondos y recursos del Gobierno Federal. En su artículo 19, fracciones III y IV enuncia: "Artículo 19. Son prioritarios y de interés público... III. Los programas dirigidos a las personas en condiciones de pobreza, marginación o en situación de vulnerabilidad; IV. Los programas dirigidos a zonas de atención prioritaria..."[137].

En el caso de la distribución del gasto y financiamiento federales para la creación e implementación de los programas sociales menciona lo siguiente:

> "Artículo 21. La distribución de los fondos de aportaciones federales y de los ramos generales relativos a los programas sociales de educación, salud, alimentación, infraestructura social y generación de empleos productivos y mejoramiento del ingreso se hará con criterios de equidad...
>
> Artículo 23. La distribución del gasto social con el que se financiará el desarrollo social, se sujetará a los siguientes criterios:
> ...
> III. Se basará en indicadores y lineamientos generales de eficacia y de cantidad y calidad en la prestación de los servicios sociales, y

---

136 H. Cámara de Diputados del H. Congreso de la Unión, *Ley General de Desarrollo Social*, citado el 21 de mayo de 2019, disponible en: http://www.diputados.gob.mx/LeyesBiblio/pdf/264_250618.pdf

137 137 H. Cámara de Diputados del H. Congreso de la Unión, *Ley General de Desarrollo Social*, citado el 21 de mayo de 2019, disponible en: http://www.diputados.gob.mx/LeyesBiblio/pdf/264_250618.pdf

IV. En el caso de los presupuestos federales descentralizados, las entidades federativas y municipios acordarán con la Administración Pública Federal el destino y los criterios del gasto, a través de los convenios de coordinación.

Artículo 24. Los recursos presupuestales federales asignados a los programas de desarrollo social podrán ser complementados con recursos provenientes de los gobiernos estatales y municipales, así como con aportaciones de organismos internacionales y de los sectores social y privado."[138]

La norma mencionada enuncia las áreas donde radican los grupos vulnerables como zonas prioritarias las cuales tienen más ponderancia en el ejercicio del gobierno en materia de desarrollo social. El artículo 29 versa: "Se consideran zonas de atención prioritaria las áreas o regiones, sean de carácter predominantemente rural o urbano, cuya población registra índices de pobreza, marginación indicativos de la existencia de marcadas insuficiencias y rezagos en el ejercicio de los derechos para el desarrollo social establecidos en esta Ley"[139].

Aunado a lo anterior, en la norma se encuentra explícito que es toral el fomento a la economía para promover el ingreso de la población vulnerable:

"Artículo 33. Los municipios, los gobiernos de las entidades federativas y el Gobierno Federal fomentarán las actividades productivas para promover la generación de empleos e ingresos de personas, familias, grupos y organizaciones productivas.

Artículo 34. Los municipios, los gobiernos de las entidades federativas y el Gobierno Federal estimularán la organización de personas, familias y grupos sociales, destinando recursos públicos para promover proyectos productivos; identificar oportunidades de inversión, y brindar capacitación, asistencia técnica y asesoría para la organización

---

[138] H. Cámara de Diputados del H. Congreso de la Unión, *Ley General de Desarrollo Social,* citado el 21 de mayo de 2019, disponible en: http://www.diputados.gob.mx/LeyesBiblio/pdf/264_250618.pdf

[139] H. Cámara de Diputados del H. Congreso de la Unión, *Ley General de Desarrollo Social,* citado el 21 de mayo de 2019, disponible en: http://www.diputados.gob.mx/LeyesBiblio/pdf/264_250618.pdf

> y el diseño de proyectos y apoyo legal para la realización de estas actividades"[140].

En el caso de la medición de la pobreza, se menciona cuales son los indicadores que el Gobierno toma en cuenta para evaluar el nivel de ésta:

> "Artículo 36: ...
> I. Ingreso corriente per cápita;
> II. Rezago educativo promedio en el hogar;
> III. Acceso a los servicios de salud;
> IV. Acceso a la seguridad social;
> V. Calidad y espacios de la vivienda digna y decorosa;
> VI. Acceso a los servicios básicos en la vivienda digna y decorosa;
> VII. Acceso a la alimentación nutritiva y de calidad;
> VIII. Grado de cohesión social, y
> IX. Grado de Accesibilidad a carretera pavimentada".

Otro factor determinante que se encuentra en la norma es la participación social, la cual presenta el ejercicio que debe llevarse a cabo tanto de gobernabilidad como de gobernanza. Sus siguientes artículos exponen:

> "Artículo 61. El Gobierno Federal, los de las entidades federativas y los municipios garantizarán el derecho de los beneficiarios y de la sociedad a participar de manera activa y corresponsable en la planeación, ejecución, evaluación y supervisión de la política social.
>
> Artículo 62. Las organizaciones que tengan como objetivo impulsar el desarrollo social de los mexicanos podrán participar en las acciones relacionadas con el diseño, ejecución y evaluación de las políticas, programas y acciones públicas en esta materia"[141].

140 H. Cámara de Diputados del H. Congreso de la Unión, *Ley General de Desarrollo Social,* citado el 21 de mayo de 2019, disponible en: http://www.diputados.gob.mx/LeyesBiblio/pdf/264_250618.pdf

141 H. Cámara de Diputados del H. Congreso de la Unión, *Ley General de Desarrollo Social,* citado el 21 de mayo de 2019, disponible en: http://www.diputados.gob.mx/LeyesBiblio/pdf/264_250618.pdf

1.4.3. Índice de rezago social, pobreza y pobreza extrema

El índice de rezago social, permite que el Gobierno Federal tenga información hasta nivel municipal para que éste pueda generar políticas sociales y acciones para mitigar el mismo en el país. El organismo que contribuye a la generación de datos es el Consejo Nacional de Evaluación de la Política de Desarrollo Social (CONEVAL). En este sentido, para llevar a cabo un análisis que sea de utilidad, desagregó los conceptos de carencias sociales en: Pobreza y pobreza extrema.

Se entiende por índice de rezago social: "una medida ponderada que resume cuatro indicadores de carencias sociales (educación, salud, servicios básicos y espacios en la vivienda)"[142]. Tiene como finalidad ordenar a las unidades de observación según sus carencias sociales. Para realizar el análisis se utilizan las variables de pobreza y pobreza extrema, las cuales se conceptualizan de esta forma:

> "Pobreza: Persona que se encuentra en situación de pobreza cuando tiene al menos una carencia social (en los seis indicadores de rezago educativo, acceso a servicios de salud, acceso a la seguridad social, calidad y espacios de la vivienda, servicios básicos en la vivienda y acceso a la alimentación) y su ingreso es insuficiente para adquirir los bienes y servicios que requiere para satisfacer sus necesidades alimentarias y no alimentarias".
> Pobreza extrema: Persona que se encuentra en situación de pobreza extrema cuando tiene tres o más carencias, de seis posibles, dentro del Índice de Privación Social y que, además, se encuentra por debajo de la línea de bienestar mínimo. Las personas en esta situación disponen de un ingreso tan bajo que, aun si lo dedicase por completo a la adquisición de alimentos, no podría adquirir los nutrientes necesarios para tener una vida sana."[143]

---

142 Consejo Nacional de Evaluación de la Política de Desarrollo Social, *Medición de la pobreza,* citado el 21 de mayo de 2019, disponible en: https://www.coneval.org.mx/Medicion/IRS/Paginas/Que-es-el-indice-de-rezago-social.aspx

143 Consejo Nacional de Evaluación de la Política de Desarrollo Social, *Glosario,* citado el 21 de mayo de 2019, disponible en: https://www.coneval.org.mx/Medicion/Paginas/Glosario.aspx

El índice de rezago social es el principal indicador para medir las carencias sociales en México. Se utiliza a nivel Federal, Estatal y Municipal. La medición para cada entidad federativa debe hacerse cada dos años, en el caso de los municipios cada cinco años.

2. *La desigualdad social en el Estado mexicano*

El desarrollo de México ha sido desigual provocando inequidad de bienestar social, las diversas regiones del país presentan niveles distintos de desarrollo. En el norte del país se encuentran Estados que tienen un nivel alto de crecimiento tanto económico como social, tal es el caso de Nuevo León y Coahuila, mientras que en la región sur históricamente no ha existido incremento de desarrollo humano, debido a las carencias económicas que presentan los gobiernos, es el caso de Guerrero, Oaxaca y Chiapas. De la misma manera, en el centro del país los estados de Veracruz, Hidalgo y Puebla presentan estratificación. Por lo cual, en este capítulo se detalla el desequilibrio social en las distintas regiones del país, se explica cuales son, tanto los estados como los municipios que son prioritarios para el Gobierno Federal, debido al nivel de marginación que padecen.

En la misma tesitura, se describen los programas que ha creado el gobierno nacional en materia de desarrollo social a partir del Programa Nacional de Solidaridad (Pronasol) a Prospera. Posteriormente se presentan los resultados de la evaluación de la cartera de programas que conforma la estrategia Prospera. Finalmente se expone la medición de pobreza nacional, así como el índice de rezago social, de igual modo la distribución municipal de pobreza y su índice de rezago social.

2.1. DESIGUALDAD Y REZAGO SOCIAL

La vulnerabilidad social que se ha presentado en distintas áreas del territorio nacional ha provocado que el Gobierno Federal genere acciones para mitigar la pobreza extrema en el país. Por ello, éste continuamente crea planes para combatir la marginación en municipios que muestran mayores carencias sociales, con la finalidad de disminuir la desigualdad en términos en que se presente un alto nivel de progreso y no cambios míseros.

2.1.1. *Diferencias regionales del país*

La disparidad regional en materia de desarrollo social es un problema que no ha dejado de aquejar a México. El Gobierno Federal a colaborado en conjunto con los gobiernos Estatales y Municipales para mermar el rezago social, sin embargo, no se han presentado mejoras satisfactorias.

De acuerdo con información recabada por el CONEVAL en 2010 los resultados fueron los siguientes:

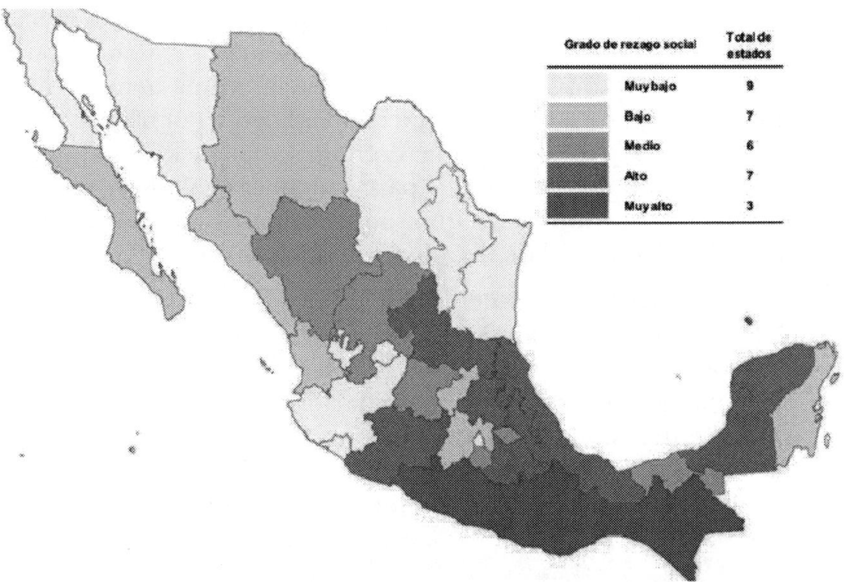

Fuente: Consejo Nacional de Evaluación de la Política de Desarrollo Social (CONEVAL), con datos de 2010[144].

La región del norte del país, en los estados de Baja California, Sonora, Coahuila, Nuevo León y Tamaulipas se presentó un grado de rezago social muy bajo, cabe destacar que 3 estados del centro de la República Mexicana junto con la Ciudad de México, también presentaron el mismo grado de rezago: Colima, Aguascalientes, Jalisco y la Ciudad de México.

En contraste, el mayor grado de marginación lo presentaron los estados del sur del país; es el caso de Guerrero, Chiapas y Oaxaca. En el sureste se encontró un grado de rezago social alto en Campeche y Yucatán. Los estados de Veracruz, Puebla, Hidalgo y San Luis Potosí presentaron el mismo grado de rezago. El nivel medio de rezago social se observó en tres regiones del país, dos estados del norte: tanto en Durango como en Zacatecas, dos estados en el centro, Estado de México y Querétaro, sucedió lo mismo en el sureste, en Tabasco. El grado de rezago social bajo se presentó en tres estados del norte, Chihuahua, Sinaloa y Baja California Sur, uno en el sureste, el cual fue Quintana Roo.

Si bien la diferencia del grado de rezago se localiza en tres Estados del Norte y tres del Sur, puede inferirse que en el centro se ubican Estados con diferente grado de rezago social. El Gobierno Federal ha creado un gran número de programas sociales para combatir la pobreza extrema, sin embargo, no se han mostrado resultados que mitiguen el problema de manera prominente.

2.1.2. Desarrollo de Zonas Prioritarias

En diciembre de 2012, la Secretaria de Desarrollo Social creó el programa para el Desarrollo de Zonas Prioritarias (PDZP). Resultó de la fusión de los Programas tanto de Desarrollo Local, como de Microrregiones y de Apoyo a Zonas de Atención Prioritaria. El objetivo del programa fue contribuir a cerrar las brechas de desigualdad regional, rehabilitando y ampliando la infraestructura social básica, así como el mejoramiento de los servicios públicos y la calidad de vivienda. En las zonas del país que por sus condiciones estructurales precarias de marginación y pobreza requerían atención prioritaria.

> "En 2013, se Identificaron 1,080 municipios rurales en 26 entidades federativas al menos con alguno de los siguientes índices: alta o muy alta marginación, alto o muy alto índice de rezago social o al menos 25% de la población en pobreza multidimensional extrema; 231 municipios más que en la Declaratoria para del año 2012, que declaró 849 municipios en 22 entidades federativas. Lo anterior representó 15.5 millones de habitantes que vivían en estas zonas en 2013, en

contraste con 11 millones de habitantes calculados en la Declaratoria para 2012"[145].

Las demarcaciones atendidas hasta 2014 son las siguientes:

Fuente: Consejo Nacional de Evaluación de la Política de Desarrollo Social (CONEVAL), con datos de 2014[146].

La mayoría de los municipios atendidos han sido de la región del centro del país, sin embargo, los estados que muestran mayor atención son Oaxaca y Chiapas.

---

146 Consejo Nacional de Evaluación de la Política de Desarrollo Social, *Informe de evaluación específica de desempeño 2014-2015*, citado el 21 de mayo de 2019, disponible en: https://www.coneval.org.mx/Evaluacion/Documents/EVALUACIONES/EED_2014_2015/SEDESOL/S2 16_PDZP/S216_PDZP_IC.pdf#search=zonas%20prioritarias

Por otra parte, el programa no ha mostrado grandes avances en la disminución de rezago social. El centro de investigación de Gestión Social (GESOC) por medio del Índice de Desempeño de Programas Públicos Federales (INDEP)[147], evaluó en 2016 al Programa para el Desarrollo de Zonas Prioritarias, obtuvo la calificación reprobatoria de 40.8[148] por no cumplir las metas establecidas.

2.1.3. Atención de municipios prioritarios

El Gobierno Federal ha decidido enfocar sus políticas de desarrollo social en zonas que presentan mayor índice de rezago. De acuerdo a la LGDS, se consideran Zonas de Atención Prioritaria (ZAP) a "las áreas o regiones, sean de carácter predominantemente rural o urbano, cuya población registra índices de pobreza, marginación, indicativos de la existencia de marcadas insuficiencias y rezagos en el ejercicio de los derechos para el desarrollo social"[149].

Para el año 2019, se han considerado Zonas de Atención Prioritaria Rurales a 1,115 municipios que se encuentran en 24 entidades federativas que cumplen con alguna de las condiciones de Muy Alta o Alta Marginación o tienen Muy Alto o Alto Grado de Rezago Social[150].

Los Estados con municipios rurales considerados por el Gobierno Federal con un grado muy alto de rezago son 10:

Estado	Municipios rurales con grado de rezago social muyalto
Chiapas	15
Chihuahua	7
Durango	1
Guerrero	20
Jalisco	2
Nayarit	3
Oaxaca	101
Puebla	9

Estado	Municipios rurales con grado de rezago social muyalto
San Luis Potosí	2
Veracruz	16
Total	**176**

Fuente: Elaboración propia con datos de la Secretaría de Gobernación, 2019[151].

Se infiere que el estado con mayor número de municipios en condiciones de rezago social muy alto es Oaxaca con 101 entidades locales, seguido de Guerrero con 20 municipios. Durango solo cuenta con 1 municipio con rezago muy alto. Puebla se encuentra por debajo de la media del grado de atraso. Es necesario destacar que aún en 2019, el municipio de Eloxochitlán, se encuentra dentro de los 9 municipios de Puebla con mayor grado de rezago social.

De esta manera, el Gobierno Federal planea ejecutar programas de desarrollo social en coordinación con los gobiernos Estatales y Municipales, la sociedad civil, Organismos No Gubernamentales e instituciones que conforman al sector privado con el fin de mejorar la calidad de vida de los grupos marginados.

2.2. LA POLÍTICA DE DESARROLLO SOCIAL Y RESULTADOS

El Estado debe mantener el bienestar de su población, sin excluir a un grupo determinado, para lograrlo genera acciones entre las distintas instituciones públicas que lo conforman, implementándolas por medio de la Administración Pública. Por consiguiente, utiliza recursos económicos, la vinculación del gobierno Municipal con los

151 Secretaría de Gobernación, Decreto por el que se formulan las Zonas de Atención Prioritaria para el año 2019, citado el 22 de mayo de 2019, disponible en: https://dof.gob.mx/nota_detalle.php?codigo=5547481&fecha=28/12/2018

órdenes Estatal y Federal, así como la participación de las instituciones privadas.

De este modo se puede entender a las acciones ejecutadas por el Estado como políticas sociales. Deben encaminarse a incrementar el desarrollo social. Desde la creación del Programa Nacional de Solidaridad hasta Prospera no se han reflejado resultados contundentes. La estrategia Prospera se conforma por un conjunto de programas que han intentado mitigar el rezago social desde distintas vertientes, de los cuales se presentan resultados recientes.

2.2.1. Programas asistencialistas

Los programas que ha instrumentado el Gobierno Federal no han mostrado eficacia para disminuir los índices de pobreza. A partir del sexenio del ex presidente Carlos Salinas de Gortari se han creado un gran número de programas sociales que no convergen con la población objetivo, además de no lograr los resultados esperados.

Es necesaria la creación de políticas sociales que funcionen para mejorar la calidad de los servicios públicos, disminuyan las carencias de salud, educación y alimentación. Éstos programas, no han mermado de manera continua el rezago social; son asistencialistas debido a que solo distribuyen subsidios que responden a las necesidades de la población a corto plazo, es necesario crear estrategias que mitiguen las carencias sociales a largo plazo. Los programas gubernamentales, han sido diseñados para que los beneficiarios reciban apoyos superfluos, sin embargo, no ha sido una solución, sino una forma de contribuir a perpetuar la pobreza.

Se requiere eficientar la distribución del gasto, mejorar la coordinación de la Administración Pública a nivel federal con el fin de que los programas puedan llegar a los lugares más alejados donde se encuentra la población con mayor grado de rezago social. Los programas sociales deben crearse tomando en cuenta todas las variables que se encuentran inmersas en la población afectada para dar sentido y eje a la política que debe implementarse.

Deben crearse políticas sociales que en realidad incrementen el bienestar de los habitantes, "…al incentivar que amplios segmentos de la población puedan desarrollar sus capacidades, puede reducir los niveles de pobreza y ayudar a disminuir la desigualdad de oportunidades y de ingresos entre la población".[1152]El incremento de la calidad de vida supone llevar a cabo acciones integrales por parte de los tres niveles de gobierno, es decir, tomar en cuenta todos los elementos que se encuentra involucrados: económicos, laborales, educativos, etc. Lo anterior implica atacar el problema desde la raíz y no solo las ramas de la afección. Es necesario que los ayuntamientos generen estrategias contundentes para terminar con el ciclo de la implementación de programas asistencialistas que no han funcionado.

2.2.2. Del Pronasol al Prospera

En México se han instrumentado programas con el objetivo de mermar el rezago social desde los años setenta, en cada sexenio se han puesto en marcha nuevas estrategias los cuales tienen como misión mermar la pobreza y la exclusión de segmentos poblacionales. El programa de desarrollo social de la administración del ex presidente Carlos Salinas de Gortari se denominó Programa Nacional de Solidaridad (Pronasol), el cual permaneció en funciones de 1983 a 1994. En el sexenio del ex presidente Ernesto Zedillo Ponce de León se creó el programa de Educación, Salud y Alimentación (PROGRESA), permaneció activo de 1997 a 2002. Durante la administración del ex presidente Vicente Fox Quesada se generó el programa Oportunidades, mismo que continuó hasta el final de gobierno del ex presidente Felipe Calderón Hinojosa. Después en el sexenio del ex presidente Enrique Peña Nieto, inició el Programa de Inclusión Social (PROSPERA).

Pronasol fue el instrumento más importante en materia de política social a partir de 1983; se enfocó en abatir la pobreza extrema. Sus cuatro objetivos fueron:

> "1) mejorar las condiciones de vida de los grupos campesinos, indígenas y colonos populares; 2) promover el desarrollo regional equilibrado y crear las condiciones para el mejoramiento productivo del nivel de vida; 3) promover y fortalecer la participación y la gestión de las

---

152 Rodolfo de la Torre, Eduardo Rodríguez, et al. p. 2.

> organizaciones sociales y de las autoridades locales; 4) constituir a la solidaridad como una forma permanente de convivencia y relación de los mexicanos y en un vehículo de concertación entre el Estado y la sociedad civil"[153].

Cabe destacar que su característica más relevante fue que en obras públicas participaban los beneficiarios con mano de obra. Hubo una respuesta satisfactoria por parte de los miembros de las comunidades. Solidaridad no requirió crear otros organismos para la implementación de las actividades de participación ciudadana. Por lo que el Estado mantuvo su adelgazamiento administrativo.

Por otra parte, Solidaridad nunca llegó a representar más del 7% del gasto social y por ende, su participación no excedió el 3.5% del gasto programable del sector público[154]. Esto significa que no hubo presiones a las finanzas públicas por parte del mismo. Los programas que conformaron a Solidaridad fueron: Escuela digna, Infraestructura educativa, Niños en Solidaridad Servicio Social, Salud, IMSS Solidaridad, Agua Potable, Alcantarillado y Electrificación. En 1990 se crearon los Fondos Municipales, operaron en 1,439 municipios. En 1994 el programa alcanzó la mayor extensión del país.

Solidaridad continuó durante los tres primeros años de la administración del ex presidente Zedillo, el programa Progresa reemplazó al conjunto de subsidios alimentarios existentes que no se canalizaban hacia las personas más necesitadas ni en las localidades más marginadas, (en su mayoría localidades rurales). Se enfocó en el mejoramiento de las condiciones de vida de las familias en pobreza extrema con el objetivo de romper el círculo generacional de

---

153 Programa Solidaridad, *Evaluación*, México,Comité Técnico de Evaluación del Programa Nacional de Solidaridad, 1991, 380, citado por Ana María Chávez y Francisco Rodríguez, en El Programa de Solidaridad y la organización comunitaria en el estado de Morelos, México, COLMEX, citado el 22 de mayo de 2019, disponible en: https://estudiosdemograficosyurbanos.colmex.mx/index.php/edu/article/download/1020/1013

154 Seminario Latinoamericano Experiencias Exitosas de combate a la pobreza rural, Informe sobre el Programa Nacional de Solidaridad de México, México, UNAM, 1999, p. 4, citado el 22 de mayo de 2019, disponible en: http://www.fao.org/tempref/GI/Reserved/FTP_FaoRlc/old/prior/desrural/desrural/pobreza/solidar.pdf

transmisión de pobreza hacia futuras generaciones. Asimismo, se tenia contemplado fortalecer el capital humano de las familias beneficiarias, a través de la entrega periódica de cantidades de dinero en efectivo a madres de familia de hogares en situación de pobreza. El programa se concentró en tres necesidades básicas: educación, salud y alimentación, las cuales se encontraban relacionadas en el desarrollo tanto del individuo como de la comunidad. Inicialmente fue dirigido a las localidades rurales, se seleccionaban las mismas por su nivel de marginación, consideradas con alta o muy alta, posteriormente se aplicaba la Encuesta de Características Socioeconómicas de los Hogares (ENCASEH) a cada familia de la localidad; se obtenían puntajes por medio de los cuales se seleccionaban a las familias que formaban parte del programa. Se inició en algunos de los Estados del país, a principios del año 2000 se encontraba operando en los 31 Estados. Al terminar el sexenio Zedillista, Progresa amplió su cobertura, de agosto de 1997 a diciembre del 2000, se logró beneficiar a 400 mil familias en 7 entidades federativas; a más de 2 millones 476 mil en 31 entidades[155]. Sin embargo, pese a la creación de este programa la pobreza seguía muy extendida.

En el caso de Progresa-Oportunidades, existió una línea de continuidad muy limitada. Por otra parte, Oportunidades se enfocó en educación, salud, nutrición e ingreso. Fue un programa de carácter interinstitucional en el que participaban la Secretaría de Educación Pública, la Secretaría de Salud, el Instituto Mexicano del Seguro Social, la Secretaría de Desarrollo Social, así como los gobiernos Estatales y Federales. Tuvo como prioridad fortalecer a las familias de las mujeres. Las madres de familia eran las titulares del programa, quienes recibían trasferencias monetarias. En el aspecto educativo, se ampliaron las becas en la educación media y media superior. También se llevó a cabo la entrega de un apoyo económico a los jóvenes al concluir sus estudios de educación media superior, a esta estrate-

---

155 Gabriela Barajas, *Prospera, programa de inclusión social: ¿una nueva estrategia de atención a la pobreza en México?*, Revista Estrategia, no. 50 (Jul-Dic, 2016 [citado el 23 de mayo de 2019]) UAM, disponible en: http://zaloamati.azc.uam.mx/bitstream/handle/11191/4931/Prospera-programa-de- inclusion-social-una-nueva-estrategia-de-atencion-a-la-pobreza-en-Mexico.pdf?sequence=1&isAllowed=y

gia se le denominó: Jóvenes con Oportunidades. En la misma tesitura, comenzaron a entregarse becas a los miembros de las familias beneficiarias que estudiaban en los Centros de Atención Múltiple Laboral, las cuales eran escuelas para la atención de personas con discapacidades. En el cuidado de la salud, las mujeres embarazadas recibían atención especial por medio de un protocolo de consultas para cuidar el desarrollo del embarazo, con el fin de prevenir partos con riesgo. Los apoyos monetarios se entregaban de manera directa a las familias, sin la intermediación de funcionarios o autoridades sino por medio de instituciones liquidadoras. Sin embargo, las cifras de pobreza no representaron una disminución constante, se consideró un programa asistencialista.

En el año 2011, el Programa de Desarrollo Humano Oportunidades (PDHO) presentó características tanto socioeconómica como de ingresos insuficientes para lograr el desarrollo adecuado de las capacidades de los integrantes de las comunidades multiculturales. El padrón de beneficiarios creció de manera considerable en 2004[156]. El padrón del programa aumentó nuevamente en 2011[157]. Sin embargo, para el mismo año, mostró algunos problemas para garantizar el acceso a sus servicios. El padrón del programa en el año mencionado se mantuvo estancado, porque nueva población de bajos recursos no pudo incorporarse a éste.

De acuerdo con el estudio de Medición de la Pobreza 2010-2012 del Consejo Nacional de Evaluación de la Política Social (CONEVAL) en colaboración con UNICEF al concluir 2012 había 53 millones de pobres[158]. Mencionó que entre las causas de la pobreza la principal fue la falta de empleos para los jefes de familia y el estancamiento de

---

156 Rodolfo de la Torre, Eduardo Rodríguez, et al, Op. cit., p. 179. (El padrón de 2004 alcanzó cinco millones de familias cubiertas; esta cifra permaneció estable durante cuatro años consecutivos).

157 Ídem. (Un padrón de poco menos de seis millones de familias beneficiarias en 2011).

158 Alejandro Hernández, Cuando Pronasol, Progresa, Oportunidades, Prospera, (¿Y los pobres?) de México, *EL FINANCIERO*, 9 de abril de 2014, citado el 22 de mayo de 2019, disponible en: https://www.elfinanciero.com.mx/opinion/alejandro-hernandez/cuando-pronasol-progresa- oportunidades-prospera-y-los-pobres-de-mexico

la economía. Paralelamente, 21 millones de personas de entre cero y 17 años, más de la mitad de los niñas, niños y adolescentes de México, vivían en pobreza.

Al inicio del sexenio del ex presidente Peña Nieto al nuevo programa de política social el gobierno lo denominó Prospera. Las Secretarías que en un principio formaron parte del programa, fueron la Secretaría de Educación Pública (SEP), Secretaría de Salud (SA), asimismo el Instituto Mexicano del Seguro Social (IMSS) y la Secretaría de Desarrollo Social (SEDESOL). Una de las principales tareas del programa fue que los jóvenes recibirían becas para estudios universitarios o técnicos superiores, y quienes buscaban un trabajo tendrían prioridad en el Sistema Nacional de Empleo. De igual forma, el programa facilitaría a los beneficiarios el acceso a la educación financiera, al ahorro, a los seguros y al crédito, y a 15 programas productivos, incluyendo, entre otros, el Fondo Nacional del Emprendedor, el Programa Bécate, el ProAgro Productivo y el Programa para el Mejoramiento de la Producción y Productividad Indígena.

Durante 2014 se brindó acompañamiento a las familias beneficiarias para la identificación, elaboración y registro de 5,212 proyectos, de los cuales se llevaron a cabo 2,444, solamente se aceptó el 47%[159].

En 2015, se mantenían los tres componentes esenciales: educativo, alimentario y de salud; se definieron cuatro líneas de acción nuevas: inclusión productiva, laboral, financiera y social. En el mismo año se incorporaron más Secretarías al programa, fue el caso de la Secretaría de Economía, la Secretaría de Trabajo y Previsión Social, y la Secretaría de Agricultura, Ganadería, Desarrollo Rural, Pesca y Alimentación.

De enero a julio de 2015, se apoyaron a 759 proyectos, beneficiándose a 7,528 familias. De un universo de más 6 millones que han sido

---

159 Gabriela Barajas, *Prospera, programa de inclusión social: ¿una nueva estrategia de atención a la pobreza en México?*, Revista Estrategia, no. 50 (Jul-Dic, 2016 [citado el 23 de mayo de 2019]) UAM, disponible en: http://zaloamati.azc.uam.mx/bitstream/handle/11191/4931/Prospera-programa-de- inclusion-social-una-nueva-estrategia-de-atencion-a-la-pobreza-en-Mexico.pdf?sequence=1&isAllowed=y

atendidas por Prospera, se apoyó al 0.12% de familias[160]. Han pasado 32 años desde el inicio del Programa Nacional de Solidaridad y los índices de rezago social no han disminuido al nivel que el país requiere para mejorar las condiciones de vida de la población que padece pobreza extrema. Por otra parte, a pesar de haber culminado el sexenio del ex presidente Peña Nieto, Prospera continúa operando en la administración del presidente Andrés Manuel López Obrador.

2.2.3. Cartera de programas sociales de la estrategia Prospera

La estrategia Prospera es un programa de inclusión social, dirigido a fortalecer el cumplimiento efectivo de los derechos sociales con el fin de que se incrementen las capacidades de los habitantes en situación de pobreza; a través de acciones que tengan efectos positivos en la salud, educación y alimentación. De igual forma, reducir las condiciones de precariedad en las que viven. Los principales programas que conforman a Prospera son: Programa de Apoyo a la Vivienda, Programa de Estancias Infantiles para Apoyar a Madres Trabajadoras, Programa de Pensiones para Adultos Mayores y el Programa de Seguros de Vida para Jefas de Familia.

Programa de Apoyo a la Vivienda[161]

El Programa de Apoyo a la Vivienda otorga subsidios a los hogares mexicanos en situación de pobreza con ingresos por debajo de la línea de bienestar, con carencia de calidad y espacios de la vivienda. La población objetivo del programa son los hogares mexicanos ubicados en localidades tanto urbanas como rurales con ingresos por

---

160 Gabriela Barajas, *Prospera, programa de inclusión social: ¿una nueva estrategia de atención a la pobreza en México?*, Revista Estrategia, no. 50 (Jul-Dic, 2016 [citado el 23 de mayo de 2019]) UAM, disponible en: http://zaloamati.azc.uam.mx/bitstream/handle/11191/4931/Prospera-programa-de-inclusion-social-una-nueva-estrategia-de-atencion-a-la-pobreza-en-Mexico.pdf?sequence=1&isAllowed=y

161 Secretaría de Desarrollo Agrario, Rural y Urbano, *Programa de Apoyo a la Vivienda,* citado el 24 de mayo de 2019, disponible en: http://www.dof.gob.mx/nota_to_doc.php?codnota=5509836

debajo de la línea de bienestar y con carencia por falta de calidad, así como espacios de vivienda.

Objetivo general: Contribuir a fomentar el acceso a la vivienda mediante soluciones habitacionales bien ubicadas, dignas y de acuerdo con estándares de calidad óptimos, mediante el otorgamiento de subsidios federales para acciones de construcción de vivienda. Mientras que su objetivo específico es mejorar las condiciones habitacionales de los hogares mexicanos con ingresos por debajo de la línea de bienestar y con carencia por calidad y espacios de la vivienda, con la finalidad de reducir el rezago habitacional de los hogares mexicanos.

Objetivos específicos:

1. Propiciar la densificación del suelo urbano a través de la edificación de vivienda social vertical intraurbana y/o reconversión de inmuebles para uso habitacional vertical.
2. Propiciar que la población con ingresos máximos equivalente a 4 UMAs[162] mensuales, que preferentemente habite en las ciudades consideradas en la cobertura del Programa, acceda a un subsidio para adquisición de suelo intraurbano destinado a la edificación de una vivienda social vertical.
3. Fomentar el uso de mecanismos tendientes a la reducción de emisiones de Gases de Efecto Invernadero (GEI) a través de subsidio al suelo intraurbano cuyas acciones y soluciones en la vivienda reduzcan los consumos de gas, energía y agua.

[162] Secretaría de Gobernación, *Reglas de Operación para Vivienda social para el ejercicio fiscal 2019*, citado el 24 de mayo de 2019, disponible en: http://dof.gob.mx/nota_detalle.php?codigo=5551588&fecha=28/02/2019 (Es la Unidad de Medida y Actualización que constituye la referencia económica mensual en pesos para determinar la cuantía del pago de las obligaciones y supuestos previstos en las leyes federales, de las entidades federativas y de la Ciudad de México).

Programa de Estancias Infantiles para Apoyar a Madres Trabajadoras[163]

El Programa de Estancias Infantiles (PEI) se impulsó conjuntamente por la Secretaría de Desarrollo Social (SEDESOL) y el Sistema Nacional para el Desarrollo Integral de la Familia (SNDIF). A través de la provisión de los servicios de cuidado y atención infantil, busca que las madres que trabajan, que buscan empleo o estudian, cuenten con tiempo disponible para acceder o permanecer en el mercado laboral, o en su caso estudiar. De esta manera, hacer frente a la problemática de madres trabajadoras, padres que viven solos en hogares vulnerables, quienes por cuidar a sus hijos no pueden acceder o permanecer en el mercado laboral o en su caso estudiar. Adicionalmente, contribuye al aumento de espacios para el cuidado y atención infantil.

La población objetivo del PEI es el grupo de madres de 15 años y más, con hijas e hijos de entre 1 y 4 años, sin acceso a seguridad social de forma directa o por parentesco con el jefe del hogar, en hogares con ingreso estimado per cápita por debajo de la línea de bienestar, que además se encuentre disponible, desocupada, subocupada u ocupada en el sector informal.

Objetivo general: Contribuir a dotar de esquemas de seguridad social que protejan el bienestar socioeconómico de la población en situación de carencia o pobreza mediante el mejoramiento de las condiciones de acceso y permanencia en el mercado laboral de las madres, padres solos y tutores que buscan empleo, trabajan o estudian y acceden a los servicios de cuidado y atención infantil.

Objetivo específico: Mejorar las condiciones de acceso y permanencia en el mercado laboral de las madres, padres solos y tutores que trabajan, buscan empleo o estudian, mediante el acceso a los servicios de cuidado y atención infantil, como un esquema de seguridad social.

---

163 Consejo Nacional de Evaluación de la Política Social, *Evaluación de la Política Social*, citado el 24 de mayo de 2019, disponible en: https://www.coneval.org.mx/Evaluacion/Paginas/InformeEvaluacion.aspx

Programa de Pensiones para Adultos Mayores[164]

El programa Pensión para Adultos Mayores (PPAM) otorga transferencias monetarias para mejorar el ingreso con los adultos mayores que cuentan con 65 años y más que reciben un pago mensual superior a $1,092 por concepto de jubilación o pensión de tipo contributivo. El monto transferido fue de $580 mensuales, entregado bimestralmente. Asimismo, implementa acciones para aminorar el deterioro de su salud tanto física como mental mediante una red integrada por promotores, facilitadores, gestores y acciones para aumentar su protección social facilitando el acceso, la oferta de servicios sociales y apoyos para la inclusión financiera.

La población objetivo del PPAM son las personas de 65 años de edad en adelante, tanto mexicanos como mexicanas por nacimiento con un mínimo de 25 años de residencia en el país, que no reciben pensión mayor a $1,092 pesos mensuales por concepto de jubilación o pensión de tipo contributivo.

Objetivo General: Contribuir a dotar de esquemas de seguridad social que protejan el bienestar socioeconómico de la población en situación de carencia o pobreza, mediante el aseguramiento de un ingreso mínimo, así como la entrega de apoyos de protección social a personas de 65 años de edad en adelante que no reciban una pensión o jubilación de tipo contributivo superior a la línea de bienestar mínimo.

Objetivo específico: Asegurar un ingreso mínimo y apoyos de protección social a las personas Adultas Mayores de 65 años de edad en adelante que no reciben ingreso mensual superior a $1,092 pesos por concepto de jubilación o pensión de tipo contributivo.

---

164 Consejo Nacional de Evaluación de la Política Social, *Evaluación de la Política Social*, citado el 24 de mayo de 2019, disponible en: https://www.coneval.org.mx/Evaluacion/Paginas/InformeEvaluacion.aspx

Programa de Seguro de Vida para Jefas de Familia[165]

El Programa brinda un Seguro de Vida a las jefas de familia (PSVJF) que se encuentran en situación de pobreza, vulnerabilidad por carencias sociales o vulnerabilidad por ingresos, otorga un apoyo monetario directo mensual, que se entrega a las hijas e hijos en orfandad materna, en caso que sean menores de edad, a las personas responsables, de manera bimestral. La población objetivo son las familias con jefatura femenina que se encuentran en situación de pobreza, vulnerabilidad por carencias sociales o vulnerabilidad por ingresos.

Objetivo general: El objetivo del Programa Seguro de Vida para Jefas de Familia es contribuir a dotar de esquemas de seguridad social que protejan el bienestar socioeconómico de la población en situación de carencia o pobreza, mediante la incorporación de familias con jefatura femenina, en condición de pobreza, vulnerabilidad por carencias sociales o vulnerabilidad por ingresos a un seguro de vida.

Objetivo específico: Asegurar a las familias con jefatura femenina en condición de pobreza, vulnerabilidad por carencias sociales o vulnerabilidad por ingreso, de modo que en caso de que fallezca la jefa de familia se incentive el ingreso o permanencia de sus hijas e hijos de hasta 23 años de edad en el sistema escolar.

Los programas que conforman a la estrategia prospera son complementarios debido a que su población objetivo son los habitantes de municipios que se conforman de comunidades rurales. La efectividad de su ejecución se verá reflejada solo si disminuye de manera considerable el índice de rezago social. Por consiguiente, si la disminución es mínima, se considera que son programas poco útiles para el beneficio de la población.

---

165 Consejo Nacional de Evaluación de la Política Social, *Evaluación de la Política Social*, citado el 24 de mayo de 2019, disponible en: https://www.coneval.org.mx/Evaluacion/Paginas/InformeEvaluacion.aspx

2.3. EVALUACIÓN Y RESULTADOS DE LOS PROGRAMAS SOCIALES

La evaluación de los programas sociales permite al gobierno saber si su implementación a tenido un impacto real en su población objetivo.

El CONEVAL es la institución pública encargada de recabar la información para realizar el análisis.

Cabe recordar que la evaluación es un instrumento esencial para la política social. Por medio de éste puede mejorarse tanto el mecanismo de acción de los programas como la asignación de los recursos públicos. Es fundamental llevar a cabo mediciones objetivas que permitan conocer el impacto real de los programas ejecutados, de esta manera podrán generarse correcciones en las políticas sociales, para mejorar sus resultados.

2.3.1. Evaluación y resultados de la estrategia Prospera

La evaluación de la estrategia prospera se lleva a cabo utilizando como variables la población objetivo, la población atendida, la población potencial, los recursos que el Gobierno Federal asigna a cada programa, además de considerar los estados que han sido atendidos por Prospera.

1. Programa de Apoyo a la Vivienda

El Programa de Apoyo a la Vivienda comenzó a operar a partir del año 2016 después de que se fusionaran los programas "Vivienda Digna" y "Vivienda Rural". La evaluación se ejecutó del año 2017 a 2018. El programa se implementó en 32 entidades federativas, en 1,474 municipios. La población beneficiada fue de 146,781 habitantes. La población objetivo fue de 280,226 hogares, la población atendida fue de 106,856 y la población potencial fue de 2,210,111.

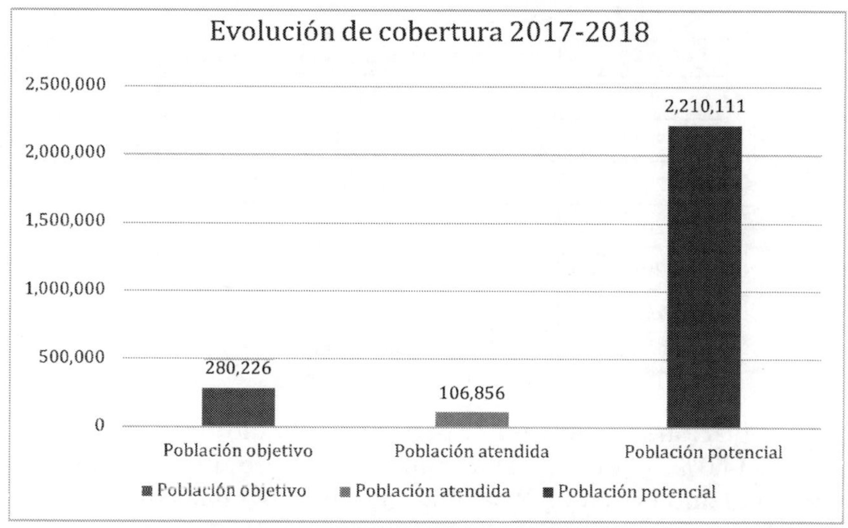

Fuente: Evaluación propia con datos del Programa de Apoyo a la Vivienda 2017-2018, CONEVAL[166]

Al finalizar 2018, el avance anual fue de 106.856 hogares, lo que representa el 38.13% respecto a los 280,226 hogares que se tenía programado alcanzar al final del año. En la misma tesitura de la fuente antes descrita del CONEVAL, los apoyos otorgados durante 2017 se concentraron en los estados de: Puebla, Estado de México, Hidalgo, Chiapas y Oaxaca, siendo los dos últimos, las entidades Federativas con mayor apoyo. Por otra parte, la cantidad de habitantes beneficiados tuvo una disminución de 12.9%, debido a que el programa sufrió un recorte presupuestal de $653,53 millones lo que significó un numero menor de acciones por parte del mismo.

Año	Presupuesto del programa Millones de pesos
2012	1,906.55
2013	1,645.20
2014	1,904.28
2015	1,714.56
2016	2,533.83
2017	1,845.85

Fuente: Elaboración propia con datos del PAV 2017-2018[167]

La población atendida en el periodo analizado fue mínima, no alcanzó el 60%; además de la disminución de presupuesto que presentó en el año evaluado. Por lo tanto, si el programa continúa obteniendo los mismos resultados, la pobreza en el país en materia de carencia de vivienda no disminuirá.

2. Programa de Estancias Infantiles para Apoyar a Madres Trabajadoras

La evaluación del Programa de Estancias Infantiles para Apoyar a Madres Trabajadoras se llevó a cabo en el periodo 2017-2018, actualmente se encuentra operando en todas las entidades federativas. Los municipios atendidos fueron 1,278; los beneficiarios fueron 10,535 hombres y 300,433 mujeres. La población objetivo fue de 779,857 personas, la población atendida: 310,968 y la población potencial fue de 3,055,751 personas.

---

167 Consejo Nacional de Evaluación de la Política Social, *Evaluación de la Política Social*, Programa de Apoyo a la Vivienda, citado el 27 de mayo de 2019, disponible en: https://www.coneval.org.mx/Evaluacion/Paginas/InformeEvaluacion.aspx

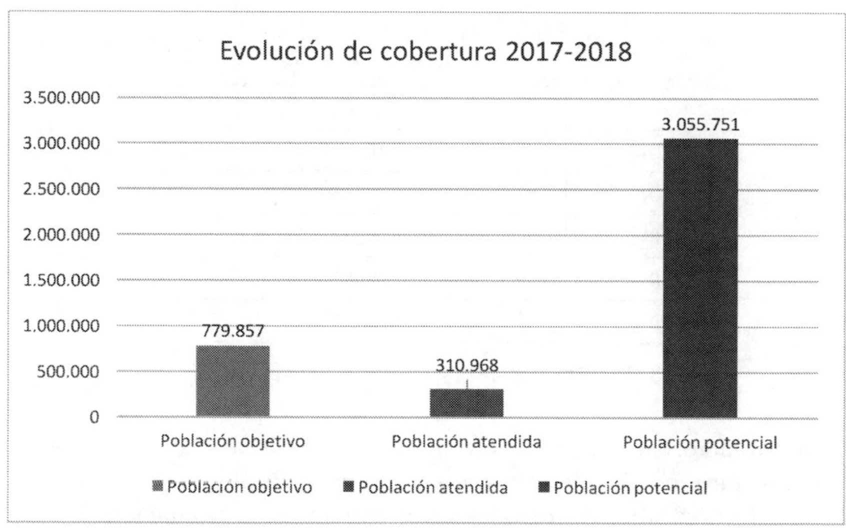

Fuente: Evaluación propia con datos del Programa de Estancias Infantiles para Apoyar a Madres Trabajadoras 2017-2018, CONEVAL[168]

El programa tuvo cobertura en un poco mas del 50% del total de los municipios del país, de acuerdo con la referencia descrita del CONEVAL, las entidades Federativas con el mayor número de cobertura fueron: el Estado de México, Veracruz, Puebla, la Ciudad de México y Jalisco. El programa presentó una reducción presupuestal en comparación con 2016.

---

168 Consejo Nacional de Evaluación de la Política Social, *Evaluación de la Política Social, Programa de Estancias Infantiles para Apoyar a Madres Trabajadoras,* citado el 27 de mayo de 2019, disponible en: https://www.coneval.org.mx/Evaluacion/Paginas/InformeEvaluacion.aspx

Año	Presupuesto del programa Millones de pesos
2012	3,125.44
2013	3,024.77
2014	3,182.99
2015	3,282.87
2016	3,263.79
2017	3,118.57

Fuente: Elaboración propia con datos del PEI 2017-2018[169]

La población atendida fue menor al 50% de la población objetivo, si no incrementa de manera considerable al finalizar el año 2019, no habrá un cambio notorio en el beneficio de la población. De la misma manera, de continuar disminuyendo el presupuesto del programa, no existirá forma alguna de esperar mejores resultados.

3. Programa de Pensiones para Adultos Mayores

El programa se implementó en 32 entidades federativas, en todos los municipios del país. La población objetivo fue de 6,556,201 personas, la población atendida fue de 5,453,775; 2,193,431 hombres y 3,260,344 mujeres. La población potencial: 6,556,201. Esto significa que de la población objetivo se atendió al 83.18%.

---

169 Consejo Nacional de Evaluación de la Política Social, *Evaluación de la Política Social, Programa de Estancias Infantiles para Apoyar a Madres Trabajadoras,* citado el 27 de mayo de 2019, disponible en: https://www.coneval.org.mx/Evaluacion/Paginas/InformeEvaluacion.aspx

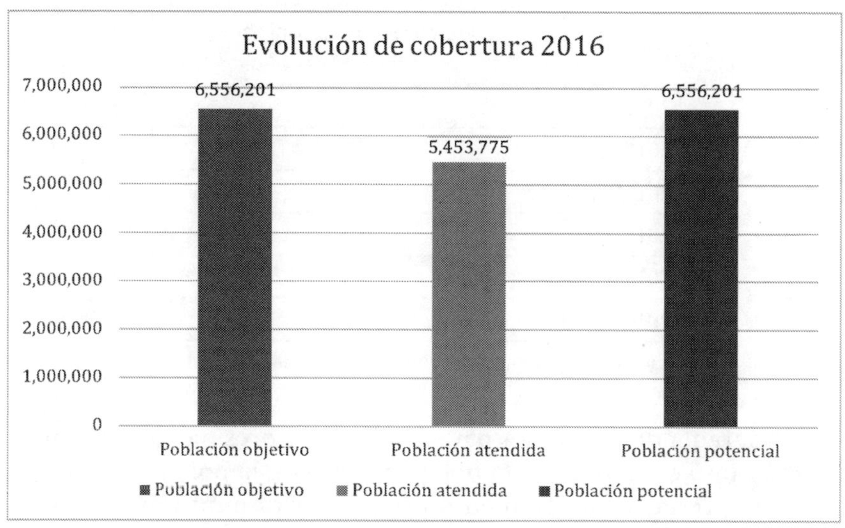

Fuente: Evaluación propia con datos del Programa de Pensiones para Adultos Mayores 2016, CONEVAL[170]

De la población atendida el 40.2% son hombres mientras que el 59.8% son mujeres, y el 7.0% presento algún tipo de discapacidad. De acuerdo con la fuente mencionada del CONEVAL, el programa se concentró en los estados de: Veracruz, Estado de México y Ciudad de México. Los de menor cobertura fueron Quintana Roo, Colima y Baja California Sur. El programa tuvo una diminución en su presupuesto, en comparación con 2015.

---

170 Consejo Nacional de Evaluación de la Política Social, *Evaluación de la Política Social, Programa de Pensiones para Adultos Mayores,* citado el 27 de mayo de 2019, disponible en: https://www.coneval.org.mx/Evaluacion/Paginas/InformeEvaluacion.aspx

Año	Presupuesto del programa Millones de pesos
2011	13,505.66
2012	17,692,.65
2013	23,432.33
2014	33,782.72
2015	35,799.47
2016	34,062.11

Fuente: Elaboración propia con datos del PAM 2016[171]

El Programa de Pensiones para Adultos Mayores ha cubierto más del 80% tanto de la población objetivo como de la población potencial. Debe prestarse atención en no continuar disminuyendo el presupuesto otorgado al programa para que continúe incrementando la cobertura de la población objetivo.

4. Programa de Seguros de Vida para Jefas de Familia

El programa se implementó en 32 entidades federativas, en todos los municipios que constituyen al país. La población objetivo fue de 7,047,619 familias con jefatura femenina, la población atendida fue de 6,734,668 familias, la población potencial fue 7,047,619 familias. Esto significa que se atendió al 95.56%. El programa apoya a jóvenes que realizan cursos, talleres o servicio social.

---

171 Consejo Nacional de Evaluación de la Política Social, *Evaluación de la Política Social, Programa de Pensiones para Adultos Mayores,* citado el 27 de mayo de 2019, disponible en: https://www.coneval.org.mx/Evaluacion/Paginas/InformeEvaluacion.aspx

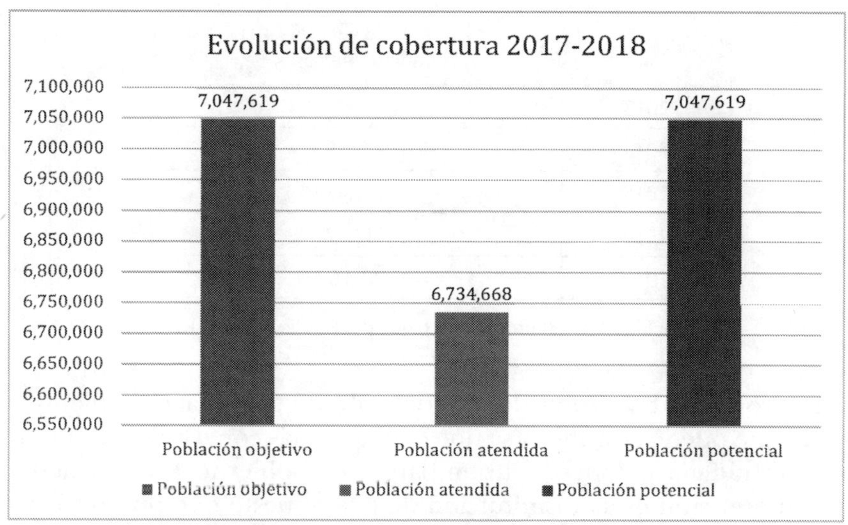

Fuente: Evaluación propia con datos del Programa de Seguros de Vida para Jefas de Familia, CONEVAL[172]

De acuerdo con la fuente mencionada del CONEVAL, los estados con mayor número de personas beneficiadas fueron: Veracruz y el Estado de México. El presupuesto de 2017 disminuyó considerablemente en comparación con 2016.

Año	Presupuesto del programa Millones de pesos
2013	381.90
2014	935.59
2015	942.43
2016	947.47
2017	43.16

Fuente: Elaboración propia con datos del PSVJF 2017-2018[173]

El programa ha alcanzado más del 95% de la población objetivo, por lo que puede considerarse que es el que más cobertura ha tenido de la estrategia prospera. Sin embargo, el Gobierno Federal debe prestar atención en la disminución de presupuesto que presentó en 2017.

Los resultados de la estrategia Prospera han sido deficientes debido a que no han logrado alcanzar al 100% de su población objetivo, además de que hay una gran brecha entre la población atendida y la población potencial. Por consiguiente, no es factible alcanzar la cobertura de la población potencial con los recursos que se destinan a cada programa. Por lo que las políticas sociales implementadas no han logrado disminuir el rezago social.

2.3.2. Medición de pobreza e índice de rezago social

La medición de pobreza y el índice de rezago social se utilizan para conocer el grado de vulnerabilidad de la población en el país. Actualmente la medición de la pobreza se realiza desde una perspectiva multidimensional, es decir, ya no solo se considera el ingreso per cápita como variable de medición, las variables utilizadas son:

---

173 Consejo Nacional de Evaluación de la Política Social, *Evaluación de la Política Social, Programa de Seguros de Vida para Jefas de Familia,* citado el 27 de mayo de 2019, disponible en: https://www.coneval.org.mx/Evaluacion/Paginas/InformeEvaluacion.aspx

Rezago educativo, acceso a servicio salud, acceso a seguridad social, calidad y espacio a la vivienda, acceso a los servicios de vivienda, acceso a la alimentación, ingreso inferior a la línea de bienestar e ingreso a la línea de bienestar mínimo. Éste índice se construye utilizando las variables mencionadas, entendidas como carencias que padece una persona.

En 2014, 22.4 millones de habitantes en el país presentaron rezago educativo, 21.8 millones no obtuvieron acceso a servicios de salud y 70.1 millones no recibieron acceso a seguridad social. Para 2016 los resultados fueron: 21.3 millones presentaron rezago educativo, 19.1 millones falta de servicios de salud y 68.4 millones no obtuvieron seguridad social. Tal como se muestra en la siguiente tabla:

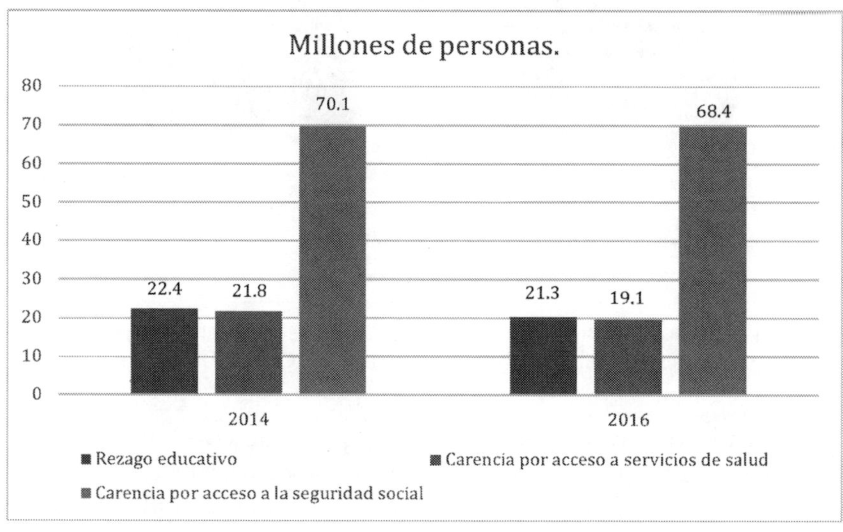

Fuente: Elaboración propia con datos de Medición de la pobreza en México y en las Entidades Federativas 2016, CONEVAL[174]

La mayor carencia fue de acceso a la seguridad social, mientras que la carencia por acceso a servicios de salud presento en 2016 una disminución de 2.7 millones, sin embargo, no se considera un avance significativo.

Del mismo modo, en 2014 14.8 millones de personas presentaron carencia por calidad y espacio de vivienda. En el mismo año 25.4 millones no tenían acceso a los servicios básicos de vivienda, 28 millones tampoco obtenían alimentación. En 2016, 23.7 millones no tuvieron acceso a los servicios básicos de vivienda, mientras que 24.6 millones padecían carencias de alimentación:

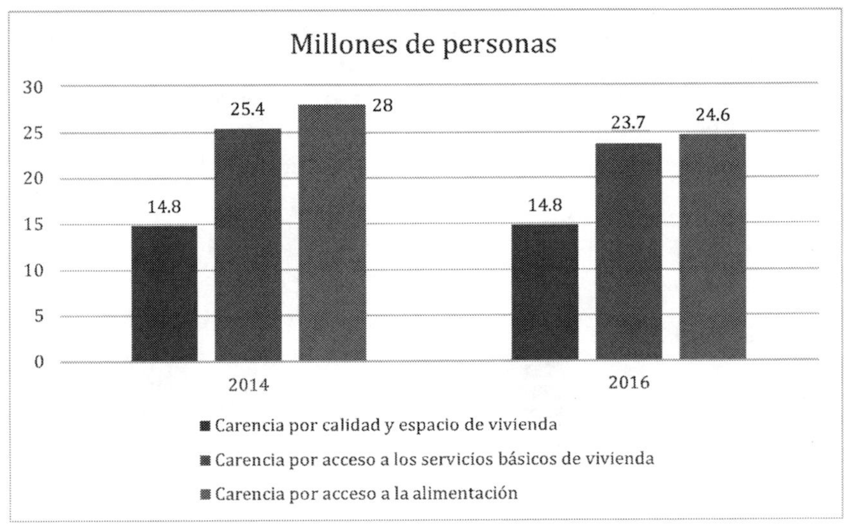

Fuente: Elaboración propia con datos de Medición de la pobreza en México y en las Entidades Federativas 2016, CONEVAL[175]

En el caso de carencia por calidad y espacio de vivienda no hubo disminución alguna. En el acceso a los servicios básicos de vivienda se presentó un mínimo decrecimiento; 1.7 millones de habitantes.

En 2014, 53.2 millones de personas presentaron la ausencia de un ingreso por debajo de la línea de bienestar, en 2016, 50.6 millones tenían la misma carencia. En 2014, 24.6 millones se encontraban por debajo de un ingreso a la línea de bienestar mínimo. Dos años después 21.4 millones de la población tenían la misma problemática.

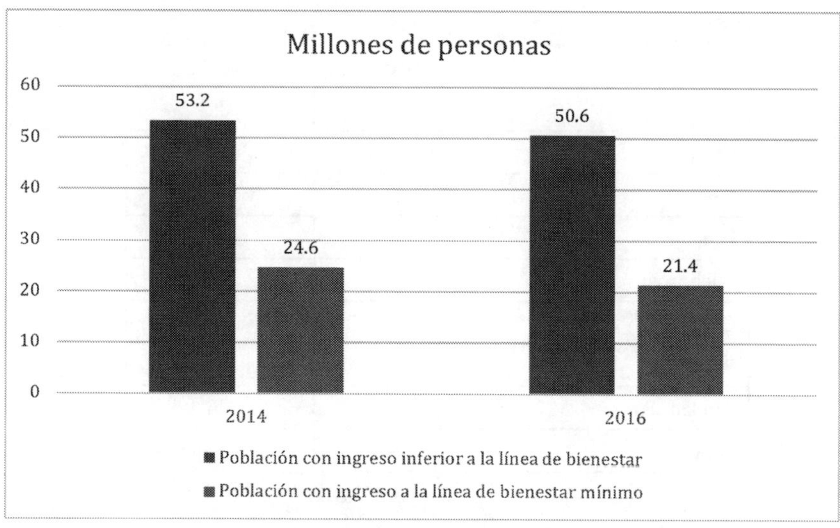

Fuente: Elaboración propia con datos de Medición de la pobreza en México y en las Entidades Federativas 2016, CONEVAL[176]

La disminución de las dos variables de 2014 a 2016 no fue amplia. Ninguna de éstas presentó una disminución significativa, debe destacarse que todas las variables se encuentran relacionadas, por lo tanto, mientras no exista un decrecimiento profundo en cada una de éstas, la población no podrá mejorar su calidad de vida.

En el caso del índice de rezago social, se presenta una evaluación en el periodo de 2010 a 2015 de los Estados con nivel alto y muy alto grado de rezago social:

---

176 Consejo Nacional de Evaluación de la Política Social, *Medición de la pobreza en México y en las Entidades Federativas 2016*, citado el 28 de mayo de 2019, disponible en: https://www.coneval.org.mx/Medicion/Paginas/Pobreza_2008-2016.aspx

Estado	Índice de rezago social	
	2010	2015
Campeche	Alto	Alto
Chiapas	Muy alto	Muy alto
Guerrero	Muy alto	Muy alto
Hidalgo	Alto	Alto
Michoacán	Alto	Alto
Oaxaca	Muy alto	Muy alto
Puebla	Alto	Alto
San Luis Potosí	Alto	Alto
Veracruz	Alto	Muy alto

Fuente: Elaboración propia con datos del índice de Rezago Social 2015, CONEVAL[177]

Los estados que presentan un grado de rezago social muy alto son: Chiapas, Guerrero y Oaxaca. En 2010 Veracruz presentó un grado de atraso alto, sin embargo, en 2015 incrementó su nivel de rezago. Campeche, Hidalgo, Michoacán, Puebla y San Luis Potosí, mantuvieron un nivel de dilación alto. Finalmente, para 2015 ninguno de los estados disminuyó se condición de rezago social que mostraron en 2010.

2.3.3. Distribución municipal de la pobreza y del rezago social

La pobreza extrema identifica a las personas que tienen 3 o más carencias sociales de las seis que mide el CONEVAL, además de que su ingreso per cápita sea menor a la línea de bienestar mínimo. El ingreso de estos habitantes es tan bajo que no pueden adquirir los nutrientes necesarios para poder tener una vida sana. En 2015 la dis-

---

177 Consejo Nacional de Evaluación de la Política Social, Índice de Rezago Social 2015, citado el 28 de mayo de 2018, disponible en: https://www.coneval.org.mx/coordinacion/entidades/Guerrero/Paginas/Indice-de-Rezago-Social- 2015.aspx

tribución de los municipios que se encuentran en condición extrema se comportó de la siguiente manera:

2015

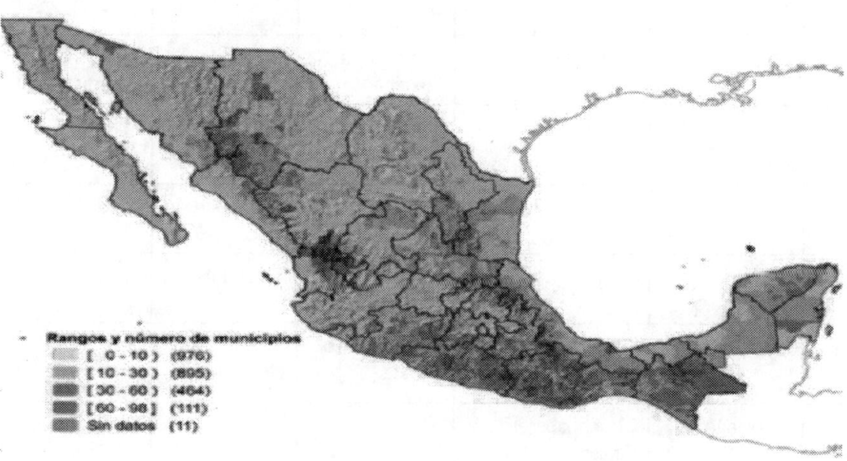

Fuente: datos de la Medición de Pobreza a nivel municipio 2010 y 2015, CONEVAL[178]

Los estados que se caracterizan por presentar mayor cantidad de municipios en condiciones de pobreza extrema son las regiones del sur y sureste: Guerrero, Oaxaca y Chiapas. Yucatán y Quintana Roo. Sin embargo, en la región del norte, en la colindancia entre Nayarit, Durango, Zacatecas y Jalisco pueden observarse municipios con la misma problemática. Por otra parte, Veracruz donde colinda con Hidalgo se identifican municipios con un grado de rezago social muy alto. En el caso de Puebla en el este y sureste es donde se ubican los Municipios con mayor grado de rezago social.

Los Municipios que presentaron en 2015 un índice de rezago social muy alto son los siguientes:

---

178 Consejo Nacional de Evaluación de la Política de Desarrollo Social, *Pobreza a nivel municipio 2010 y 2015*, citado el 28 de mayo de 2019, disponible en: https://www.coneval.org.mx/Medicion/Paginas/Pobreza-municipal.aspx

Municipios con un índice de rezago social muy alto en 2015					
No.	**Chiapas**	**Guerrero**	**Oaxaca***	**Puebla**	**Veracruz**
1	Amatenango delValle	Tlacoachistlahuaca	Aunción Ocotlán	Eloxochitlán	Ilamatlán
2	Chalchihuitán	Tlacoapa	Magdalena Peñasco	Huehuetla	Mecatlán
3	Chamula	Xalpatáhuac	San Agustín Loxicha	Hueytlalpan	Mixtla de Altamirano
4	Chanal	Xochistlahuaca	San Andrés Paxtlán	Olintla	Soledad Atzompa
5	Chenalhó	Zapotitlán Tablas	San Cristóbal Amoltepec	San Sebastián Tlacotepec	Tehuipango
6	Chilón	Zitlala	San Esteban Atatlahuca	Tepetzintla	Tequila
7	Mitontic	Acatepec	San Ildefonso Sola	Vicente Guerrero	Texcatepec
8	Ocosingo	Chochoapa el Grande	San José Independencia		Tlachichilco
9		José Joaquín de Herrera	San Juán Tamazola		Tlaquilpa
10		Iliatenco	San Lorenzo Texmelúcan		
11			San Marcial Ozolotepec		
12			San Martín Itunyoso		
13			Yaxe		

* Los municipios de Oaxaca son algunos de los que presentaron mayor grado de rezago social.

Fuente: Elaboración propia con datos de la Medición de Pobreza 2010-2015, CONEVAL[179]

---

179 Consejo Nacional de Evaluación de la Política de Desarrollo Social, *Pobreza a nivel municipio 2010 y 2015*, citado el 28 de mayo de 2019, disponible en: https://www.coneval.org.mx/Medicion/Paginas/Pobreza-municipal.aspx

El estado que tiene el mayor número de municipios en condiciones de rezago social muy alto es Oaxaca seguido de Guerrero y Chiapas. Entre los municipios con mayor número de personas en pobreza extrema se encuentra tanto en el sur como en el centro del país. De la misma manera, los municipios que presentan un nivel muy alto de rezago social cuentan con población indígena.

3. Antecedentes del rezago social en los municipios con población regida por usos y costumbres

La forma en que se implementan las políticas sociales es fundamental para disminuir el rezago social de las comunidades regidas por usos y costumbres, sin embargo, la ejecución de las normas constitucionales y la eficiencia de las instituciones públicas tienen gran influencia en los resultados de los tres órdenes de gobierno en el combate contra la pobreza extrema. Por lo cual, en el presente capítulo se enuncia la evolución legal que ha tenido el Estado mexicano en el aspecto del reconocimiento tanto de la pluriculturalidad como de las necesidades de los grupos indígenas. Asimismo, se describen los cambios que ha tenido la Administración Pública Federal en las instituciones que la conforman, referentes al desarrollo social de las comunidades indígenas. Además se mencionan algunas experiencias que pueden contribuir a la mejora del desarrollo social.

Durante el sexenio del ex presidente Miguel de la Madrid Hurtado los aparatos administrativos de los gobiernos municipales se caracterizaban por la coexistencia de modelos tradicionales de la Administración Pública, el país tenía la necesidad de modernizar la Administración Pública de los ayuntamientos debido a sus estructuras arcaicas, desde entonces debía implementarse un nuevo diseño institucional en el ámbito municipal.

Eran muchas las demandas sociales que se presentaron en los municipios, que se generaban a partir de gobiernos locales débiles. Por lo cual, en 1990 el Consejo Nacional de Población (CONAPO), emprendió esfuerzos sistemáticos para construir indicadores, a fin de analizar las desventajas y carencias de la población. Del mismo modo, era urgente identificar con precisión los espacios mayormente marginados, diferenciándolos según el nivel de sus necesidades. En el mismo sentido, debía crearse un parámetro estadístico, con el fin de coadyuvar a la identificación de sectores del país que carecían de oportunidades para su desarrollo, así como la capacidad para encontrarlas o generarlas. Se establecieron 4 variables para medir la marginación: vivienda, ingreso por trabajo, educación y distribución de la población. Por lo cual, el Gobierno Federal creó los Índices de Marginación.

La Encuesta Nacional de Gasto e Ingreso a los Hogares (ENIGH), fue diseñada para proporcionar resultados confiables a escala nacional, con corte tanto rural como urbano. Creada en 1984 por el entonces denominado *Instituto Nacional de Estadística Geografía e Informática,* captaba la información sobre los hogares y su composición; así como el equipamiento del que disponía la vivienda, la educación de sus integrantes y el acceso a servicios de salud.

Los indicadores de desarrollo o rezago social se convirtieron en un soporte del Gobierno Federal para ayudar a los gobiernos locales a proveer acciones públicas concretas para dar solución a las necesidades de las comunidades regidas por el sistema de usos y costumbres. El Gobierno nacional tenía la intención de fortalecer las capacidades institucionales y organizacionales de las autoridades que conformaban los ayuntamientos para mejorar la calidad de vida de los habitantes de las entidades rurales.

En la misma tesitura, era necesario robustecer a los órganos auxiliares de los ayuntamientos que se establecían en comunidades de difícil acceso, alejadas de las cabeceras municipales. A las cuales se les denominaban delegaciones, consejos de colaboración, consejos de participación ciudadana, entre otras. Además se requería dotar a las delegaciones de infraestructura, equipamiento y personal político-administrativo para que los ayuntamientos tuvieran el alcance de comunicación con las comunidades indígenas para conocer sus necesidades. Lamentablemente, las pocas delegaciones con las que contaban los municipios no eran suficientes para darse cuenta de las carencias sociales, aunado a la falta de infraestructura y equipamiento de éstas.

Por otra parte, durante 1996 incrementó el nivel de ingreso en México, sin embargo, no beneficiaba a las familias vulnerables del país, afectando principalmente a los niños. De la Torre y Rodríguez mencionaron: "A pesar de los incrementos en los niveles de ingresos a partir de 1996, la evolución de la pobreza infantil continuó manteniéndose en desventaja con respecto al resto de la sociedad[180]. No fue un periodo que se haya caracterizado por favorecer la situación de las familias pobres en México.

En este sentido, un paso trascendental de la Administración Pública Federal a finales de 1997, fue la creación de la figura de Aportaciones Federales para Entidades Federativas y Municipios, lo cual dió origen a la creación del Ramo 33, que a partir de 1998 se incorporó por primera vez al Presupuesto de Egresos de la Federación. De la misma manera, se creó el ramo 28 por medio del cual el Gobierno Federal asignaba a los estados participaciones y aportaciones federales, para el fortalecimiento económico a los municipios

Con la creación de los ramos se dotó a las entidades Federativas y municipios de mayor certidumbre en la disponibilidad de recursos. El presupuesto otorgado por parte del Gobierno Federal a los estados comenzó a distribuirse para cubrir las necesidades sociales relacionadas con la salud, educación, infraestructura social y seguridad pública.

3.1. IMPORTANCIA DE LAS REFORMAS AL ARTÍCULO 115 Y 2° CONSTITUCIONALES

Los cambios que han tenido los artículos 115 y 2° resultaron relevantes debido a que señalan el compromiso del gobierno para disminuir la exclusión y el rezago social de los grupos étnicos. Las reformas de 1983 y 2001 han sido cruciales en materia del reconocimiento de las necesidades de los pueblos y comunidades indígenas.

3.1.1. Reforma al artículo 115 constitucional

En el sexenio del ex presidente Miguel de la Madrid Hurtado en 1983, se llevó a cabo una reforma constitucional al artículo 115 que dotó de nuevas facultades al Municipio para fortalecer a la Administración Pública Local.

---

180 Rodolfo de la Torre, Eduardo Rodríguez, et al, Op. cit., p. 233.

> "La iniciativa de reforma más importante de cuantas se han hecho a nuestra ley fundamental en materia municipal, sustentada en tres mil quinientas diecisiete ponencias presentadas por escrito en una consulta realizada durante octubre y noviembre del mismo año, en virtud de la cual se modificó sustancialmente el texto del artículo 115, entre otros propósitos, para determinar los servicios públicos a cargo de los municipios, facultándolos para coordinarse y asociarse entre sí para su eficaz prestación...."[181].

En consecuencia, quedó a cargo de los municipios el conjunto de actividades y obras catalogadas bajo la denominación de servicios públicos:

> "III. Los municipios, con el concurso de los Estados cuando así fuere necesario y lo determinen las leyes, tendrán a su cargo los siguientes servicios públicos: a) Agua potable, b) Alumbrado público, c) Limpia, d) Mercados y centrales de abasto, e) Panteones, f) Rastro, g) Calles, parques, y jardines, h) Seguridad pública y tránsito, i) Los demás que las legislaturas locales determinen según las condiciones territoriales y socioeconómicas de los municipios, así como su capacidad administrativa y financiera".
> Los municipios de un mismo estado, previo acuerdo entre sus ayuntamientos y con sujeción a la ley, podrán coordinarse y asociarse para la más eficaz prestación de los servicios públicos que les corresponda"[182].

Con esta reforma constitucional, incrementan las facultades del municipio, así como la cantidad de servicios públicos que debía ofrecer. De esta manera, la gobernabilidad del país tuvo la oportunidad de fortalecerse.

Después en 1999, nuevamente se reformó el artículo 115 constitucional, el cual enarboló al ayuntamiento de una entidad administrativa a una institución de gobierno. Las principales diferencias que obtuvo la reforma se encontraban en las funciones y responsabilidades de los gobiernos locales. Por lo que: "De ser simplemente agencias administrativas encargadas de ofrecer los servicios públicos definidos constitucionalmente, se convirtieron en instancias responsables

---

181 Jorge Fernández, *Servicios Públicos Municipales*, México, Instituto Nacional de Administración Pública, 2015, p. 143.

182 Ídem.

de precisar los problemas públicos, elegir los mecanismos de acción propicios, definir los programas gubernamentales…"[183].

Las modificaciones del artículo 115 fueron las siguientes:

> "De la fracción III en el inciso a), a la materia de agua potable y alcantarillado se le agregó drenaje, tratamiento y disposición de aguas residuales. En el inciso c), que contemplaba limpia, se precisó que trataría también de los servicios para recolectar, trasladar, tratar y disponer residuos. En el inciso g), al concepto de calles, parques y jardines, se le agregó genéricamente el equipamiento que se entiende como la obra, mobiliario e infraestructura. En el inciso h), se adecuó la noción de seguridad pública y se reenvió al artículo 21 constitucional para aclarar que la exclusividad en este aspecto resulta de la parte específica que el nuevo concepto, le asigna al ámbito municipal, lo cual incluye lo que se refiere a la policía preventiva municipal.
> Se agregó un segundo párrafo para prevenir que, sin perjuicio de sus competencias, en las materias que tienen regulación federal o estatal; los municipios observarán las leyes de la materia sin que éstas, pudieran desvirtuar la competencia del municipio al efecto.
> Se recorrió el actual párrafo segundo para convertirse en tercero, eliminando la condición de que los municipios se puedan asociar sólo entre municipios de un mismo Estado y sólo para la prestación de servicios.
> Con las reformas del artículo en mención quedó de la siguiente forma:
> III. Los municipios, tendrán a su cargo las funciones y servicios públicos siguientes: a) Agua potable, drenaje, alcantarillado, tratamiento y disposición de aguas residuales; b) Alumbrado público; c) Limpia, recolección, traslado, tratamiento y disposición final de residuos; d) Mercados y centrales de abasto; e) Panteones; f) Rastro; g) Calles, parques, jardines y su equipamiento; h) Seguridad pública, en los términos del articulo 21 de esta Constitución, policía preventiva municipal y tránsito;
> i) Los demás que las legislaturas locales determinen según las condiciones territoriales y socioeconómicas de los municipios, así como su capacidad administrativa y financiera.
> Sin perjuicio de su competencia constitucional en el desempeño de las funciones o la prestación de los servicios a su cargo, los municipios observarán lo dispuesto por las leyes federales y estatales. Los municipios, previo acuerdo entre sus ayuntamientos, podrán coordinarse y asociarse para la más eficaz prestación de los servicios públicos o el mejor ejercicio de las funciones que les correspondan. En este caso y tratándose de la asociación de los municipios de dos o más estados, deberán contar con la aprobación de las legislaturas de los estados

[183] Ana Díaz, Op. cit., p. 145.

> respectivos. Asimismo, cuando a juicio del ayuntamiento respectivo sea necesario, podrán celebrar convenios con el estado para que éste, de manera directa o a través del organismo correspondiente, se haga cargo en forma temporal de algunos de ellos, o bien presten o ejerzan coordinadamente por el estado y el propio municipio"[184].

Por lo tanto, se infiere que al tener el ayuntamiento mayor capacidad para generar servicios públicos sería más factible responder a las demandas ciudadanas, además, con la nueva oportunidad de que los ayuntamientos pudieran trabajar en conjunto con los de otros estados. De igual forma, podrían fortalecer su gobernabilidad con el fin optimizar su labor. Cabe mencionar que después de la reforma constitucional no existieron cambios notables en la Administración Pública Local.

En el ámbito del desarrollo de la Administración Pública, durante el gobierno del ex presidente Ernesto Zedillo Ponce de León, se llevó a cabo el Programa de Modernización de la Administración Pública, de 1995 al año 2000. Se implementó para lograr la consolidación de una Administración Pública accesible, moderna y eficiente; como una demanda de la población; asimismo, era una exigencia del proceso democrático del país. Se realizó una reingeniería o rediseño de procesos, que podrían permitir trascender el ámbito de la gestión interna; paralelamente, poder conocer las necesidades de desarrollo de los ciudadanos, con el fin de ofrecer bienes y servicios acordes al lugar en el que se desenvolvían.

En el año 2000, con la transición política debido al triunfo electoral del Partido Acción Nacional, el ex presidente Vicente Fox Quesada introdujo a la Administración Pública Federal, nuevas formas de gestión, las cuales tenían características propias del sector privado. Tenían como objetivo modernizar a la Administración Pública de México. Consideró torales conceptos como de eficiencia, eficacia y economía. Estrategias de un gobierno que costara menos, constituido por capital humano profesional, digital, implementando la mejora regulatoria y transparencia. Sin embargo, no logró permear al ámbito municipal, lo cual imposibilitó a los gobiernos locales para

---

184 Jorge Fernández, Op. cit., p. 154-155.

que consiguieran mejorar su labor. La dificultad de que los ayuntamientos pudieran modernizarse, les obstaculizó el cometido de que las comunidades multiculturales pudieran integrarse al desarrollo social. Los hogares de las comunidades rurales seguían en una situación de vulnerabilidad y perpetuación de pobreza, debido a la exclusión social.

3.1.2. Importancia de la reforma al artículo 2 constitucional

En este apartado se aborda el reconocimiento constitucional de la composición multicultural de los pueblos indígenas, actualizándose en el principio de universalidad, que prevé la igualdad de todas las personas ante la constitución. Si bien existen comunidades que mantienen sus usos y costumbres, ello no implica que vivan excluidos en condición de pobreza extrema.

3.1.3. El Estado mexicano multicultural

En el año 2001 el artículo 2° constitucional tuvo una reforma donde se reconoce al país como un Estado multicultural, ya que no puede entenderse como una población compuesta solamente de una cultura homogénea, sino una extensión territorial habitada por diversas etnias que se encuentran dispersas en todo el país. A partir de la reforma, el artículo en mención versa:

> "Artículo 2o.
> La Nación tiene una composición pluricultural sustentada originalmente en sus pueblos indígenas que son aquellos que descienden de poblaciones que habitaban en el territorio actual del país al iniciarse la colonización y que conservan sus propias instituciones sociales, económicas, culturales y políticas, o parte de ellas"[185].

Por lo tanto, se puede inferir que el Estado debe gobernar por medio de una administración que responda a las necesidades de toda la población sin importar a que grupo étnico pertenezca. El

---

185 Miguel Carbonell, *Constitución Política de los Estados Unidos Mexicanos*, México, Tirant Lo Blanch, 2016.

término de exclusión en un Estado multicultural no puede existir. Las condiciones sociales deben respetarse, con el fin de que a todos los habitantes se les den los servicios necesarios para que puedan desarrollarse de manera plena.

3.1.4. Reconocimiento constitucional de los grupos y comunidades indígenas

En el año 2001 se estableció en el artículo 2º apartado B de la Constitución de los Estados Unidos Mexicanos, que la Federación, los Estados y los Municipios, para promover la igualdad de oportunidades de los indígenas y eliminar cualquier práctica discriminatoria, establecerían las instituciones que determinarían las políticas necesarias para garantizar la vigencia de los derechos de los grupos étnicos. En este sentido, el reconocimiento constitucional de las diferencias culturales actualiza el principio de igualdad de las personas ante la ley, si bien son diferentes culturalmente, no vivan en condición de desventaja socioeconómica.

El apartado "B" fracción IX del artículo 2º establece las bases de una política indigenista, es decir, de participación de los pueblos autóctonos en los planes de desarrollo de la Administración Pública Federal. Las políticas implementadas por parte del Gobierno no pueden ser concebidas, aprobadas o implementadas sin tomar en cuenta la participación efectiva de los grupos multiculturales. En la Carta Magna versa lo siguiente:

> "B. La Federación, las entidades federativas y los Municipios, para promover la igualdad de oportunidades de los indígenas y eliminar cualquier práctica discriminatoria, establecerán las instituciones y determinarán las políticas necesarias para garantizar la vigencia de los derechos de los indígenas y el desarrollo integral de sus pueblos y comunidades, las cuales deberán ser diseñadas y operadas conjuntamente con ellos.
>
> Para abatir las carencias y rezagos que afectan a los pueblos y comunidades indígenas, dichas autoridades, tienen la obligación de:
>
> I. Impulsar el desarrollo regional de las zonas indígenas con el propósito de fortalecer las economías locales y mejorar las condiciones de vida de sus pueblos, mediante acciones coordinadas entre los tres órdenes de gobierno, con la participación de las comunidades. Las autoridades municipales determinarán equitativamente las asignaciones

presupuestales que las comunidades administrarán directamente para fines específicos.
II. Garantizar e incrementar los niveles de escolaridad, favoreciendo la educación bilingüe e intercultural, la alfabetización, la conclusión de la educación básica, la capacitación productiva y la educación media superior y superior. Establecer un sistema de becas para los estudiantes indígenas en todos los niveles. Definir y desarrollar programas educativos de contenido regional que reconozcan la herencia cultural de sus pueblos, de acuerdo con las leyes de la materia y en consulta con las comunidades indígenas. Impulsar el respeto y conocimiento de las diversas culturas existentes en la nación.
III. Asegurar el acceso efectivo a los servicios de salud mediante la ampliación de la cobertura del sistema nacional, aprovechando debidamente la medicina tradicional, así como apoyar la nutrición de los indígenas mediante programas de alimentación, en especial para la población infantil.
IV. Mejorar las condiciones de las comunidades indígenas y de sus espacios para la convivencia y recreación, mediante acciones que faciliten el acceso al financiamiento público y privado para la construcción y mejoramiento de vivienda, así como ampliar la cobertura de los servicios sociales básicos.
V. Propiciar la incorporación de las mujeres indígenas al desarrollo, mediante el apoyo a los proyectos productivos, la protección de su salud, el otorgamiento de estímulos para favorecer su educación y su participación en la toma de decisiones relacionadas con la vida comunitaria.
VI. Extender la red de comunicaciones que permita la integración de las comunidades, mediante la construcción y ampliación de vías de comunicación y telecomunicación. Establecer condiciones para que los pueblos y las comunidades indígenas puedan adquirir, operar y administrar medios de comunicación, en los términos que las leyes de la materia determinen.
VII. Apoyar las actividades productivas y el desarrollo sustentable de las comunidades indígenas mediante acciones que permitan alcanzar la suficiencia de sus ingresos económicos, la aplicación de estímulos para las inversiones públicas y privadas que propicien la creación de empleos, la incorporación de tecnologías para incrementar su propia capacidad productiva, así como para asegurar el acceso equitativo a los sistemas de abasto y comercialización.
IX. Consultar a los pueblos indígenas en la elaboración del Plan Nacional de Desarrollo y de los planes de las entidades federativas, de los Municipios"[186].

---

186 Ibídem.

Por lo tanto, el Estado se obliga a establecer nuevas políticas e instituciones que se encarguen de promover la igualdad de oportunidades de los indígenas y elevar sus condiciones de vida. Para ello, se expone en la Constitución impulsar el desarrollo regional, la educación bilingüe e intercultural, el acceso efectivo a los servicios de salud, el acceso al financiamiento tanto público como privado para la construcción y mejoramiento de viviendas, la incorporación de las mujeres indígenas al desarrollo, la red de comunicaciones que permita la integración de las comunidades, la adquisición de medios de comunicación, las actividades productivas, el desarrollo sustentable de las comunidades, así como la protección de los migrantes indígenas.

Para dar cumplimiento a lo establecido en la reforma constitucional de 2001 se crearon a nivel federal el Instituto Nacional de Lenguas Indígenas (INALI) y la Coordinación General de Educación Intercultural Bilingüe (CGEIB).

En el año 2003, el Gobierno Federal crea la Comisión Nacional para el Desarrollo de los Pueblos Indígenas (CDI); órgano descentralizado de la Administración Pública Federal. Se constituyó con la misión de orientar, coordinar, promover, fomentar, dar tanto seguimiento como evaluación a los programas, proyectos, estrategias y acciones públicas para el desarrollo integral de los estas comunidades. De la misma manera, la CDI presentó como objetivo crear la heterogeneidad social en términos étnicos, religiosos, culturales y de género; así como trazar vías para la distribución eficiente de recursos.

3.2. CREACIÓN Y RELEVANCIA DE LA LEY GENERAL DE DESARROLLO SOCIAL

En el año 2004, el poder legislativo creó la Ley General de Desarrollo Social (LGDS), con el fin de normar y coordinar la evaluación tanto de las políticas como los programas de desarrollo social que ejecutaran las dependencias públicas, establecer tanto los lineamientos como los criterios para la definición, identificación y medición de la pobreza. También, para determinar la competencia de los gobiernos municipales, su relación con el Gobierno Federal en materia de desarrollo social. Del mismo modo, las bases para la concertación de acciones con los sectores social y privado. Por medio de la ley mencionada; el Gobierno Federal instituyó un organismo público descentralizado de la Administración Pública Federal denominado Consejo Nacional de Evaluación de la Política de Desarrollo Social (CONEVAL); con el fin de mejorar y la situación de la pobreza en el país así como evaluar las políticas sociales implementadas por los tres niveles de gobierno. En el mismo año, "la pobreza y la desigualdad comenzó ha aumentar, primero por el alza de los precios de los alimentos y después como consecuencia de la crisis global y la caída del empleo formal"[187].

En 2006 el gasto federal para la ayuda a las comunidades indígenas fue enfocado en 6 líneas de desarrollo: 1) Desarrollo económico: con el fin de impulsar el desarrollo regional y apoyo a las actividades productivas sustentables. Establecer las condiciones para el desarrollo económico local a partir de orientar tanto el presupuesto como la inversión pública desde una perspectiva regional para generar empleos permanentes suficientemente remunerados. 2) Desarrollo humano: Incluía acceso efectivo a los servicios de salud. Mejorar la calidad de los servicios adecuándolos a las características de los pueblos, vinculando la medicina institucionalizada con la medicina tradicional. De igual forma, el incremento en los niveles de escolaridad, impulso a la educación intercultural bilingüe y el abatimiento contra el analfabetismo. 3) Infraestructura comunitaria, se llevó a cabo para el mejoramiento de los espacios tanto de convivencia como de recreación, servicios públicos que facilitaran la vida colectiva. 4) Red de comunicaciones: Se planeó llevar a cabo caminos ligados a las rutas comerciales que atendieran a los pueblos con el fin de tener acceso no sólo a las grandes ciudades, sino también a aquellas necesarias para la comercialización regional. 5) Se programó impulsar las acciones que permitieran el fomento, la consolidación, la promoción y la difusión de las manifestaciones de la diversidad cultural, tales

---

[187] México, mejores políticas para un desarrollo incluyente, Organización para la Cooperación y el Desarrollo Económico, septiembre de 2012, citado el 13 de noviembre 2018, disponible en: https://www.oecd.org/mexico/Mexico%202012%20FINALES%20SEP%20eBook.pdf

como el arte, la literatura, las artesanías, la gastronomía, la tradición oral, también las formas simbólicas de relación del hombre con la naturaleza. 6) Vigencia de derechos: Se promovieron los derechos de las comunidades indígenas. A pesar de la notable planificación para el uso del gasto federal, no se obtuvieron resultados notables en la disminución del rezago social.

En el año 2007 se implementó el programa de desarrollo humano denominado Estrategia 100 x 100, su principal objetivo era estimular el desarrollo tanto económico como social de los municipios que presentaban el menor grado de desarrollo humano en el país. El programa aspiraba a aumentar el ingreso de la población; su productividad y oportunidades de trabajo; de la misma manera incrementar sus estándares de vida mediante el acceso a mejores servicios de salud, educación, vivienda e infraestructura básica.

Estrategia 100 x 100 pretendía responder a una acción coordinada entre el Gobierno Federal, los gobiernos estatales y municipales en seis áreas de inversión: educación, salud, productividad, vivienda, recursos naturales e infraestructura. Su financiamiento provenía del presupuesto de cada una de las 14 secretarías federales que participaban, de los Gobiernos estatales y municipales[188]. En el mismo año, se creó el Programa de Empleo Temporal (PET), con el fin de brindar apoyo a la población afectada por la baja demanda de empleo, proporcionando ayuda monetaria a hombres y a mujeres mayores de 16 años. La población beneficiada, trabajaba en proyectos que brindaran desarrollo a sus comunidades.

Durante el año 2008, el CONEVAL creó la medición multidimensional de la pobreza, de esta forma pudo comenzar a medirse el rezago social en términos de pobreza. Comenzó a utilizarse la Encuesta Nacional de Gasto e Ingreso a los Hogares[189]. Los elementos que se

---

188 Evaluación de impacto de la Estrategía 100 x 100, *Consejo Nacional de Evaluación de la Política de Desarrollo Social, 2012*, en Ady Carrera, *Gasto Social y Desarrollo Humano en el ámbito local. Evidencia de dos Municipios del Estado de Oaxaca, México.*

189 Gonzalo Hernández, Encuesta Nacional de Ingresos y Gastos de los Hogares (ENIGH): La prueba de fuego, *EL FINANCIERO*, 27 de julio de 2018, citado el 12 de noviembre 2018, disponible en: http://www.elfinanciero.

tomaron en cuenta en la evaluación eran: ausencia de rezago educativo, acceso a los servicios de salud, acceso a la seguridad social, calidad y espacios de vivienda, acceso a los servicios básicos en la vivienda, así como acceso a la alimentación. Por lo tanto, se definía la situación de pobreza de una persona cuando ésta presentaba carencia en al menos uno de los elementos mencionados, además, que su ingreso no le permitiera acceder a los bienes y servicios indispensables para satisfacer sus necesidades.

La medición multidimensional toma en consideración tanto la canasta no alimentaria como la alimentaria. La no alimentaria comprendía todos los bienes y servicios necesarios para que las personas disfrutaran de una vida digna, de igual forma saludable. En esta cesta se contemplaban gastos de transporte público, productos de limpieza personal, del hogar, educación, cultura, recreación, comunicaciones, vivienda, vestido, calzado, servicios de salud y mantenimiento del hogar[190].

De acuerdo con el CONEVAL los alimentos necesarios que conformaban la canasta alimentaria para lograr el bienestar en las comunidades rurales eran: maíz en tortilla, grano, galletas, pan, arroz, carne de res, pollo, pescado, queso fresco, huevo, aceite, papa, cebolla, chile, jitomate, frijol, limón, manzana, naranja, azúcar, agua y refresco. A escala nacional durante el año 2008, incrementó el porcentaje de la población que no podía cubrir sus necesidades básicas de nutrientes[191].

Durante el sexenio del ex presidente Felipe de Jesús Calderón Hinojosa el aumento de la pobreza se dio en medio de un periodo de

---

com.mx/opinion/gonzalo-hernandez-licona/encuesta-nacional-de-ingresos-y- gastos-de-los-hogares-enigh-la-prueba-de-fuego (Desde 2008 el Inegi fortaleció la ENIGH agregando con el fin de que el Coneval tuviera los insumos para medir pobreza en el país y en las entidades federativas. A ese módulo adicional se le llamó Módulo de Condiciones Socioeconómicas (MCS- ENIGH), cuyo levantamiento está a cargo del Inegi).

190 Ana García, ¿Cómo ha evolucionado la pobreza en México desde 2008?, *EL ECONOMISTA*, 14 de septiembre de 2018, citado el 9 de noviembre 2018, disponible en: https:/www.eleconomista.com.mx/economia/Como-ha-evolucionado-la-pobreza-en-Mexico-desde- 2008-20180914-0037.html

191 Ídem.

crecimiento económico relativamente sólido, sin embargo, no fue suficiente para mitigar la vulnerabilidad de las comunidades indígenas. Así pues "a pesar de que la economía nacional creció, su distribución no permitió una reducción de la pobreza"[192]. Durante el año 2010, hubo un aumento de la población en situación de rezago[193], esto sucedió debido a la crisis financiera ocurrida en el año 2008, paralelamente al lento crecimiento económico a largo plazo.

Los gobiernos municipales se encontraban en un círculo vicioso que los obligaba al fortalecimiento institucional; el gobierno de más estrecha cercanía a la sociedad mostraba débiles capacidades de acción. Persistía un amplio grado de improvisación en el trabajo de los ayuntamientos por no contar con programas de desarrollo eficientes y eficaces.

3.3. PROGRAMAS FOCALIZADOS A LOS PUEBLOS Y COMUNIDADES INDÍGENAS

El Gobierno Federal de 2009 a 2018 implementó programas dirigidos a promover el desarrollo de las comunidades indígenas, incrementar su bienestar y el respeto de sus derechos. Esto implicó

---

192 Centro de Investigación en Economía y Negocios ITESM, "2006-2012: El Sexenio de la Pobreza en México", vol. 2, no. 66, (julio 29), citado el 14 de noviembre 2018, disponible en: http://www.anei.org.mx/wp/wp-content/uploads/2013/08/Semanal66_SexenioPobrezaenMexico-1.pdf (aumento de la pobreza multidimensional en el periodo 2010-2012 puede verse como algo moderado, medio millón más, pero la medición por ingresos indica que fueron casi 3 millones).

193 Hay 52 millones de pobres en México: CONEVAL, *EL ECONOMISTA,* 8 de febrero, 2012, citado el 14 de noviembre de 2018, disponible en: https://www.eleconomista.com.mx/politica/Hay-52-millones- de-pobres-en-Mexico-Coneval-20120208-0164.html (El Informe de Evaluación de la Política de Desarrollo Social 2011 realizado por el Consejo Nacional de Evaluación de la Política de Desarrollo Social (CONEVAL) indicó que la población en situación de pobreza ascendió a 46.2% en 2010, lo que representó 52 millones de personas. Hubo un aumento de 3.2 millones de personas en comparación con 2008).

que pudieran acceder a la justicia, a la salud, a la alimentación, educación, vivienda, mejora de la infraestructura de sus comunidades, así como, promover sus actividades productivas con la finalidad de mejorar sus fuentes de ingreso.

3.3.1. Programa para el Desarrollo de los Pueblos Indígenas (2009-2012)

El Programa para el Desarrollo de los Pueblos Indígenas creado en 2009 tuvo siete objetivos: El primero, impulsar la armonización del marco jurídico en materia de derechos indígenas, la generación de condiciones tanto para el respeto como el ejercicio pleno de estos derechos. El segundo, superar el rezago social que afectaba a la población a través del reforzamiento presupuestal, de la ampliación de su cobertura, adecuación cultural y de la consolidación de los programas sectoriales. El tercero, el desarrollo de las regiones autóctonas mediante la articulación de las políticas públicas de los tres órdenes de gobierno, en un modelo de desarrollo territorial, con un enfoque de género. El cuarto, la promoción de la mejora de la calidad de vida de las mujeres y hombres de grupos étnicos que trabajaban en las distintas ciudades del país o que se empleaban como jornaleros agrícolas. El quinto, la promoción del avance en el reconocimiento de la diversidad cultural del país, contribuir al fortalecimiento y difusión de las expresiones culturales de los pueblos y comunidades indígenas. El sexto, el incremento de la participación tanto de los pueblos como de las comunidades mencionadas en la planeación de su desarrollo, así como el reconocimiento de sus derechos. El séptimo, la mejora de gestión del CDI, a la par, que las dependencias federales atendieran con prioridad, eficiencia y eficacia a la población afectada.

Fueron cinco estrategias las que se utilizaron: 1) La promoción de los derechos indígenas, 2) La superación de los rezagos y desarrollo con identidad, 3) Reconocimiento de la diversidad cultural y lingüística, 4) Participación y consulta para una democracia efectiva, 5) gestión institucional para un país cultural y diverso.

3.3.2. Programa Especial de los Pueblos Indígenas (2014-2018)

El programa se compuso por seis objetivos los cuales fueron: Primero, impulsar el reconocimiento, vigencia de derechos y el acceso a la justicia de los pueblos indígenas. Segundo, incrementar el acceso a la alimentación, la salud y la educación de los mismos. Tercero proveer de vivienda e infraestructura de servicios con un enfoque de sustentabilidad. Cuarto, mejorar el ingreso monetario y no monetario de la población afectada a través del impulso a proyectos productivos. Quinto, fortalecer la planeación participativa y la coordinación de los programas gubernamentales que incidieran en el desarrollo de los grupos étnicos. Sexto, preservar su cultura reconociendo su carácter de patrimonio nacional.

Las estrategias que se utilizaron fueron tres: 1) Programa Nacional para la Igualdad de Oportunidades y no Discriminación contra mujeres. 2) Programa para Democratizar la Productividad. 3) Programa para un Gobierno Cercano y Moderno.

3.4. REFORMAS REALIZADAS A LA LEY ORGÁNICA MUNICIPAL DEL ESTADO DE PUEBLA

A partir del año 2001 el poder legislativo de Puebla ha llevado a cabo reformas a los artículos que conciernen al ámbito de las comunidades multiculturales de la Ley Orgánica Municipal con el fin de disminuir su situación de rezago social, por medio del fortalecimiento del ayuntamiento, y su coordinación con otras instancias de gobierno, así como la participación ciudadana para garantizar el desarrollo integral de las comunidades indígenas.

La Ley Orgánica Municipal en su artículo 44 menciona:

> "Los Ayuntamientos, las Juntas Auxiliares y órganos de Participación Ciudadana, promoverán y garantizarán el desarrollo integral de las comunidades indígenas que habiten en el Municipio"[194].

---

[194] Gobierno del Estado de Puebla, *Ley Orgánica Municipal*, citado el 28 de marzo 2019, disponible en: https://www.iee- puebla.org.mx/2017/Norma-

De la misma manera, el artículo 45 de la ley mencionada versa lo siguiente:

> "Los Planes de Desarrollo Municipal, deberán incluir programas de acción tendientes al fortalecimiento, conservación y bienestar de las comunidades indígenas, respetando su cultura, usos, costumbres y tradiciones con estricto apego a la Constitución Política de los Estados Unidos Mexicanos"[195].

En el año 2001 al artículo 78 que se refiere a las atribuciones de los ayuntamientos, se adicionó la fracción LX:

> "Artículo 78.
> Son atribuciones de los Ayuntamientos:
> ...
> LX. Celebrar convenios de coordinación con otros Municipios del Estado para la más eficaz prestación de servicios públicos y para el mejor ejercicio de las funciones que le correspondan. También, previa autorización del Estado, podrán celebrar convenios con la Federación, los Estados, los Municipios de otras Entidades[196]".

Posteriormente, en el año 2010, se reformaron las fracciones LII, LVII, LVIII, LIX y LX del mismo artículo:

> "Artículo 78.
> Son atribuciones de los Ayuntamientos:
> LII. Intervenir de conformidad con la Ley de la materia en la formulación y aplicación de los programas de transporte público de pasajeros cuando afecten su ámbito territorial.
> LVII. Entregar a sus Juntas Auxiliares los recursos que por ley les corresponda.
> LVIII. Proveer lo conducente para la organización administrativa del Gobierno Municipal, creando o suprimiendo comisiones permanentes o transitorias, así como dependencias municipales y órganos de participación ciudadana, de acuerdo con las necesidades y el presupuesto del Municipio.
> LIX. Prestar los servicios que constitucionalmente les corresponda;
> LX. Celebrar convenios de coordinación con otros Municipios del Estado para la más eficaz prestación de servicios públicos y para el mejor ejercicio de las funciones que le correspondan. También, previa

---

tividad/ley_organica_de_la_administracion_publica_del_estado_de_puebla_11082016.pdf

195 Ibídem.

196 Ibídem.

> autorización del Estado, podrán celebrar convenios con la Federación, los Estados, los Municipios de otras Entidades;"[197]

En el mismo año el artículo 91 que explica las facultades y obligaciones de los Presidentes Municipales, fue reformado en su fracción LXI:

> "Articulo 91.
> Son facultades y obligaciones de los Presidentes Municipales:
> LXI. Promover el desarrollo y adecuación de la infraestructura, el equipamiento y los servicios urbanos que garanticen la seguridad y libre tránsito que requieren las personas con discapacidad, así como asegurar la accesibilidad de estas personas en calles, avenidas, inmuebles destinados a un servicio público, así como en los bienes de uso común"[198].

En la misma tesitura, al artículo 191 que versa sobre la participación ciudadana en materia de salud, educación, ecología, agricultura y ganadería, desarrollo indígena y fomento del empleo; se le adicionó la fracción XI, en el 2009.

> "Artículo 191.
> El Ayuntamiento, convocará a la sociedad para que se integre en los Consejos de Participación Ciudadana, que de manera enunciativa y no limitativa, serán los siguientes:
> I. Salud;
> II. Educación;
> ...
> XI. Seguridad Pública;"[199]

Las reformas y modificaciones que se han llevado a cabo en la Ley Orgánica Municipal del Estado han profundizado cada vez más en materia de desarrollo social, esto significa que no existe una ausencia legal, sino por falta de ejercicio del gobierno o la carencia de compromiso de los funcionarios púbicos, además de la necesidad de mejora de coordinación del ayuntamiento con los gobiernos tanto Estatal como Federal.

---

197 Ibíd.

198 Ibídem.

199 Ibídem.

3.5. ALGUNAS EXPERIENCIAS QUE PUEDEN CONTRIBUIR A LA MEJORA SOCIAL

Los gobiernos locales han mostrado debilidad en su estructura interna, para responder a las necesidades que demanda la población. Los gobiernos Federal y Estatal no han logrado permear las necesidades de los ayuntamientos con el fin de que éstos puedan accionar para de brindar los servicios básicos a su población, disminuir la pobreza y el rezago social de sus comunidades. Se han presentado algunas excepciones en diversos Municipios del país en los que ha mejorado el desempeño de las Administraciones Locales, generando posibles soluciones para mitigar la pobreza de sus habitantes; el aumento de su participación ciudadana con los gobiernos locales, el desarrollo de políticas sociales efectivas, la participación de instituciones ajenas a los ayuntamientos que han incrementado la acción pública y fortalecido la gobernanza de los ayuntamientos, así como la modernización de su engranaje.

Se han presentado experiencias que generaron mejoras en las administraciones locales y la creación de alternativas para enfrentar el rezago social, los casos han ocurrido en los municipios de Irapuato, Guanajuato. Tetla de la Solidaridad, Tlaxcala. Ciudad Mendoza, Veracruz. Armería, Colima. Asunción Nochixtlán, Oaxaca y en municipios de Chiapas. Los casos son[200]:

1. Irapuato, Guanajuato. "Feria de autoempleo y bolsa de trabajo. Red municipal de colonias y comunidades por la salud"

En 1996 durante la administración del Presidente Municipal José Aben Amar González, se llevó a cabo una feria de autoempleo y bolsa de trabajo. Su objetivo fue fomentar el autoempleo e identificar la oferta de personal capacitado para canalizarlo a la iniciativa privada local. Participaron 66 expositores de diferentes ramas, con la aportación del 50% de recursos del Gobierno Estatal y 50% de financiamiento por parte del municipio. Los resultados fueron satisfactorios; ya concluida la feria asistían al municipio interesados en técnicas de autoempleo para informarse sobre las experiencias.

---

[200] Raúl Olmedo, Experiencias municipales repetibles, México, INAP, 1999.

También se implementó un programa denominado "Red de colonias y comunidades por la salud", con el objetivo de incorporar a la población que carecía de seguridad social a un paquete básico de servicios de salud, con el fin de garantizar el abasto de medicamentos, entre otros. El programa abarcó a todas las comunidades del Municipio. A través de éste, se controlaron enfermedades y disminuyó la mortalidad infantil.

Las acciones realizadas por el ayuntamiento contribuyeron a proporcionar opciones para generar ingresos a las familias mediante el autoempleo y establecer acciones para mejorar la salud de los irapuatenses.

2. Tetla de la Solidaridad, Tlaxcala. "Talleres comunitarios de autoempleo"

El gobierno dirigido por la Alcaldesa Oralia López Hernández, en 1995 diseñó conjuntamente con el sistema de Desarrollo Integral de la Familia una serie de talleres comunitarios, dirigidos principalmente a madres solteras, discapacitados y personas de la tercera edad. El ayuntamiento invitó a universidades tanto públicas como privadas, empresas y ONG's a que instrumentaran los talleres y capacitaran a los interesados. Algunos de los talleres fueron: industrialización tanto de frutas como de legumbres, cocina, curtido de pieles, disecado de animales, así como florería.

Destacaron los programas "Demostración de huertos familiares y Especies de animales menores". El primero consistió en apoyar a hogares que contaban con espacio mínimo para cultivar hortalizas; el programa benefició a cerca de 1000 hogares. El segundo basado en vender a bajo costo animales de granja, enseñando a los habitantes ha reproducirlos para el autoconsumo o venta.

Los talleres beneficiaron económicamente a la población, se interesaron jóvenes y adultos. Resultaron beneficiadas cerca de 400 personas al año. Los talleres constituyeron una estrategia para coadyuvar para mitigar tanto la pobreza como el desempleo.

3. Ciudad Mendoza Veracruz. "El Parlamento Municipal"

El Presidente Municipal Enrique Romero Aquino, en febrero de 1995 instauró un organismo civil, autónomo, plural, independiente y no gubernamental, elegido democráticamente por la población; que tuvo como función primordial contribuir a la solución de problemáticas sociales conjuntamente con las autoridades municipales mediante el diálogo, análisis, así como acuerdos democráticos.

Se logró por medio de una compleja organización vecinal que abarcó 22 colonias de la localidad. En ellas se estableció una mesa directiva cuyos miembros formaban parte del parlamento. Éstos eran representados por un comité coordinador que dirigía a este organismo ante las autoridades del ayuntamiento.

El Parlamento Municipal fue una opción para que la comunidad interviniera en decisiones que los favoreciera, paralelamente, abrir un canal que promoviera la participación social.

Este organismo fue importante para la vida municipal no sólo por su alcance, también por la trascendencia que representó para la población, ya que estimuló el desarrollo económico, político y social a través del fortalecimiento solidario. De la misma manera, fue un auténtico esfuerzo colectivo en la atención de los problemas que aquejaban a la población.

4. Armería, Colima. "El ayuntamiento más cerca del pueblo"

En 1995 durante la administración del Presidente Municipal Carlos Cruz Mendoza se puso en marcha el programa "El ayuntamiento más cerca del pueblo", su objetivo fue establecer una relación directa entre gobierno y ciudadanía para entender los problemas municipales. Los ciudadanos no tenían que acudir al Palacio Municipal para plantear sus problemas, ya que el ayuntamiento era el que acudía a las colonias para atender sus sugerencias.

El programa referido permitió en el municipio los siguientes beneficios: mayor confianza de la población hacia sus autoridades, el fortalecimiento de la participación ciudadana, el incremento del interés de los habitantes en los problemas colectivos. Además, en el diseño de estrategias municipales, la creación de conciencia social, la procuración del desarrollo integral de la localidad, eficientar el desempeño de la Administración Pública, así como aunar los objetivos del ayuntamiento con la población.

5. Chiapas. La universidad Autónoma de Chiapas y su contribución al desarrollo económico y social de los Municipios Chiapanecos

El estado de Chiapas está considerado como uno de los más pobres del país; consciente de esta situación la Universidad Autónoma de Chiapas diseñó e instrumentó un proyecto académico en el periodo 1995-1999, en aras de contribuir al desarrollo tanto económico como social del Estado. En el que pretendía establecer una nueva relación con la sociedad.

De esta manera se puso en marcha en pro de los gobiernos locales el programa "Vinculación para el desarrollo municipal" que operaba y administraba la Dirección General de Extensión Universitaria con recursos del Fondo para la Modernización de Educación Superior de la Secretaría de Educación Pública. Se firmaron convenios con 13 municipios para elaborar los planes de desarrollo y programas con alternativas de solución. En consecuencia, se estimuló entre otros aspectos la participación en conjunto entre municipios y universidades. El beneficio no solo fue económico, también en el ámbito social.

6. Asunción Nochixtlán, Oaxaca. Modernización Administrativa

El Municipio cuenta con una industria frágil y por ende un precario desarrollo económico, con necesidades sociales sin resolver. Por lo cual, las autoridades del ayuntamiento realizaron acciones para que su Administración Pública se modernizara con el fin de que operara con eficiencia. Se promovió e impulsó el funcionamiento de una planta industrial. De esta manera, se puso en marcha el programa "Modernización empresarial", a través de éste las autoridades fomentaron tanto la inversión como la apertura de nuevos negocios.

Del mismo modo, se reestructuraron sus áreas administrativas con un riguroso proceso de selección de directivos, así como mandos medios. Se elaboró la reglamentación interna municipal que éste no tenía. Se fortaleció una verdadera participación ciudadana mediante una compleja organización vecinal; se coadyuvó a generar una mayor cantidad de recursos financieros elevando su feria anual a expo feria, la cual les redituó mayores ingresos.

Por medio de estas acciones, la Administración Pública Local realizó un notable esfuerzo para que su población tuviera mayores beneficios económicos y sociales. Se mantuvo la participación del gobierno con la población para la toma de decisiones del municipio. El ayuntamiento logró una actitud responsable y profesional de las autoridades locales, con interés de trabajar a favor de la población.

3.6. ACCIONES LLEVADAS A CABO POR EL GOBIERNO DEL ESTADO DE PUEBLA

El gobierno del estado de Puebla durante dos administraciones en los periodos de 1999 a 2011, ha mencionado en sus Planes Estatales de Desarrollo los supuestos beneficios que tendrían las comunidades indígenas en la mejora de los servicios públicos con la finalidad de incrementar su desarrollo integral, el cual no mostró grandes avances.

Durante la administración del gobierno de Puebla (1999-2005), por medio de su Plan Estatal de Desarrollo implementó el eje "Progreso social"[201]. Una de sus vertientes fue la protección de los grupos indígenas, a través de la cual, llevó a cabo la ampliación de la cobertura de servicios básicos en las comunidades autóctonas, la potabilización de agua, la ampliación de la red de energía eléctrica, la expansión la red de telefonía, la construcción y mejora de los caminos rurales, elaboración de mercados públicos, la creación de viviendas dignas, así como la ampliación de servicios de salud, el incremento de la cobertura de escuelas, la promoción de las cooperativas para desarrollar servicios de transporte tanto de carga como de pasaje. En la misma tesitura, tanto la autoconstrucción como el

---

201 Plan Estatal de Desarrollo 1999 – 2005, citado el 28 de marzo 2019, disponible en: http: //planeader.puebla.gob.mx/pdf/PlanEstatal9905/ped-19992005veda18.pdf

mejoramiento de viviendas y la capacitación a la población en aspectos de mejora de la productividad de sus cultivos. El alcance de nuevas tecnologías y la promoción de la participación de las comunidades en las decisiones gubernamentales que les beneficiaran directamente.

Se ejecutaron programas de bienestar social cuyos objetivos fueron: mitigar la disparidad regional en materia de infraestructura básica. Homogeneizar los criterios de planeación e inversión en el desarrollo de la infraestructura en el Estado. Lograr que las cabeceras municipales y sus localidades se convirtieran en elementos de desarrollo con el fin de que contaran con servicios públicos básicos.

Durante la administración del gobierno de Puebla (2005-2011). En su cuarto eje del Plan Estatal de Desarrollo, denominado "Política Social y Combate a la Pobreza"[202] planteó una enérgica política social para impulsar positivamente los indicadores del desarrollo humano y social en todo el Estado, principalmente en las zonas más rezagadas. El eje contenía una vertiente dirigida al desarrollo integral de los pueblos indígenas. Tuvo como objetivos: la planeación y coordinación de los gobiernos Federal, Estatal y Municipal, con el fin de dar respuesta a las demandas de la población de manera íntegra.

La promoción de la educación, y capacitación a las instituciones para incrementar la calidad de la misma. La aplicación de la justicia con reconocimiento de las comunidades autóctonas. El apoyo y financiamiento para el desarrollo económico de éstas, el aumento de la cobertura de salud, así como la mejora de la alimentación de los estudiantes.

Su quinto eje llamado "Desarrollo Regional Sustentable", tuvo como vertiente el fortalecimiento municipal. Sus objetivos fueron: La modernización de la gestión municipal, por medio del desarrollo tanto de planeación como de evaluación participativas, atendiendo

---

202 Puebla, *Plan Estatal de Desarrollo 2005 – 2011*, citado el 28 de marzo 2019, disponible en: http://planeader.puebla.gob.mx/pdf/PlanEstatal0511/ped20052011veda18.pdf

las prioridades de las cabeceras municipales y del conjunto de las localidades. La mejora de la atención a la ciudadanía a través de la implantación de prácticas administrativas modernas.

El diseño e implementación de políticas específicas para el incremento del desarrollo municipal integral, por medio del fortalecimiento de las vocaciones productivas de los municipios. De la misma manera, el establecimiento del desarrollo social con la concurrencia Federal, Estatal y Municipal.

Sin embargo, los resultados de los dos periodos de gobierno en términos de Índice de Desarrollo Humano fueron los siguientes: En 2010, Puebla tuvo un IDH de 0.71[203] ocupando el lugar 27 a nivel nacional, siendo el primer lugar Ciudad de México 0.82. El índice de salud del estado de Puebla en 2010 fue de 0.85, en 2012 fue de 0.88, tuvo un mínimo aumento; en el caso del índice de educación presentó mayor carencia, en 2010 fue de 0.63, en 2012 el índice fue de 0.64. En el caso de ingreso en 2010 tuvo un resultado de 0.66, mientras que en 2012 presentó un índice de 0.68[204]. El mayor rezago se encuentra en educación e ingreso. Si bien se han mostrado avances, representan un desarrollo minúsculo. Por lo tanto, las políticas sociales implementadas por el Gobierno Estatal, no tuvieron resultados relevantes.

De los 217 municipios que conforman Puebla, 100 se encuentran en estratos de alto y muy alto grado de marginación. El municipio de Eloxochitlán en el año 2000 tuvo un índice de rezago social de

---

203 La referencia de medición considera 0 mínimo – 1.00 máximo.

204 Programa de las Naciones Unidas para el Desarrollo, *El desarrollo humano y los Objetivos de Desarrollo del Milenio en Puebla*, México, PNUD, 2014. (El PNUD colaboró con el gobierno mexicano en la preparación de los avances de los Objetivos de Desarrollo del Milenio (ODM). Los ODM son: 1.- Erradicar la pobreza y el hambre, 2.- Lograr la enseñanza primaria universal, 3.- Promover la igualdad de género y el empoderamiento de la mujer, 4.- Reducir la mortalidad de los niños menores de 5 años, 5.- Mejorar la salud materna, 6.- Combatir el VIH/sida, el paludismo y otras enfermedades, 7.- Garantizar la sostenibilidad del medio ambiente y 8.- Fomentar una alianza mundial para el desarrollo).

2.25[205], en 2005 aumento a 2.43, mientras que en 2010 disminuyó a 1.95, en 2015 incrementó a 2.43 unidades, considerado un índice de rezago muy alto.

---

205 Consejo Nacional de la Política de Desarrollo Social, *índice de rezago social 2015,* citado el 3 de abril 2019, disponible en: https://www.coneval.org.mx/coordinacion/entidades/Puebla/Paginas/Indice- de-Rezago-Social-2015.aspx (La referencia de medición considera -1 como muy bajo rezago social, 0 bajo y 2 Muy alto).

4. Caso de estudio: Municipio de Eloxochitlán, Puebla

En el presente capítulo se realiza un análisis del rezago social de las comunidades multiculturales del municipio de Eloxochitlán, Puebla. En la primera parte se describen las características del estado de Puebla y del municipio. Después se explica las condiciones de rezago de éste. En la misma tesitura, se mencionan las estrategias de desarrollo que planteó el Gobierno Estatal junto con el municipal, con el fin de revelar si en verdad se logran los resultados que los gobiernos planean. De la misma manera, se realiza un análisis del presupuesto que recibió Eloxochitlán por parte de los ramos 33 y 28, así como el presupuesto que recibió el municipio en el periodo de 2013 a 2017. Posteriormente, se lleva a cabo un estudio de la calidad de los servicios públicos que reciben las comunidades indígenas, las condiciones en las que se encuentra el ayuntamiento en cuanto a la eficiencia de sus funciones. Además, se considera como variable importante la descentralización de la Administración Pública Local en las comunidades; las cuales se encuentran alejadas de la cabecera municipal, Asimismo, se considera la efectividad del trabajo de las delegaciones (denominadas en el estado de Puebla: Autoridades Auxiliares), debido a que es necesario que se conformen con el personal necesario para que el ayuntamiento tenga conocimiento de las necesidades sociales. También, deben ser organismos que cuenten con el equipamiento requerido para realizar su trabajo de manera eficiente, económica y eficaz. Del mismo modo, el análisis se realiza en el periodo de 2012 a 2017.

4.1. MARCO DE REFERENCIA

Es menester contextualizar las características tanto geográficas como demográficas del estado de Puebla y de Eloxochitlán, además de mencionar los factores que se encuentran interrelacionados en la problemática social del Municipio con la finalidad de que el estudio sea más claro.

4.1.1. El estado de Puebla y sus municipios

La Entidad tiene una superficie total de 33,919 Km2 que representa el 1.7% de la superficie nacional. Se encuentra ubicado al Sureste del Altiplano de la República, entre la Sierra Nevada y al Oeste de la Sierra Madre Oriental. Sus límites son al Norte con Veracruz, al sur con Oaxaca y Guerrero; al oeste con Morelos, Estado de México, Tlaxcala e Hidalgo y al este con Veracruz. En el año 2015 el Estado contaba con una población de 6,168,883 habitantes.

El Estado se conforma por 217 municipios y se encuentra dividido en 7 regiones socioeconómicas. La primera región se denomina Huauchinango, esta ubicada en la zona norte del Estado, está constituida por 35 Municipios. La segunda región es Teziutlán, localizada al norte y noreste del Estado, la cual comprende 28 Municipios. La tercera es Ciudad Serdán ubicada al noreste del Estado y se conforma por 31 Municipios. La cuarta es San Pedro Cholula, que se encuentra ubicada en la región Centro Oeste del Estado, está integrada por 33 Municipios. La quinta región es Puebla y está ubicada en el centro de la Entidad, conformada por 24 Municipios. La sexta región es Izúcar de Matamoros, se localiza al Suroeste del Estado, está compuesta por 45 Municipios, la séptima es Tehuacán y Sierra Negra ubicada en la Región Sureste del Estado, se constituye por 21 municipios[206].

4.1.2. Características del municipio de Eloxochitlán

Eloxochitlán tiene una superficie de 99.670 kilómetros cuadrados. Sus colindancias son al norte con el estado de Veracruz, al sur, con Zoquitlán, al este con Tlacotepec de Porfirio Díaz y al oeste con Ajalpan. El Municipio pertenece a dos regiones morfológicas dividi-

---

[206] Puebla, *Instituto Nacional para el Federalismo y el Desarrollo Municipal*, citado el 30 de mayo de 2019, disponible en: http://www.inafed.gob.mx/work/enciclopedia/EMM21puebla/index.html

das por la cota que cruza de norte a sur el territorio; al oriente de la cota, se encuentra la Sierra del Axusco, al poniente la de Zongolica. Ambas, son estribaciones de la Sierra Madre Oriental. El relieve es demasiado abrupto, presenta un declive en dirección oeste-este muy marcado, descendiendo incluso 2,800 metros en menos de 12 kilómetros. En el año 2017 el Municipio contaba con una población aproximada de 12,520 habitantes.

Las lenguas indígenas de éste son náhuatl y totonaca. Se encuentra a una distancia aproximada de la Ciudad de Puebla de 280 km.

Las localidades de las que se conforma son: Loma Bonita con una distancia aproximada a la cabecera municipal de 10 km. Xonotipan de Juárez con una distancia a la cabecera municipal es de 5 km. Papaloapan se encuentra a una distancia de 4 km a la cabecera municipal. Chiapa con una distancia aproximada a la cabecera municipal de 5 km. Atexacapa, con una distancia a la cabecera municipal es de 3 km y Tepepan con una distancia de 6 km a la cabecera municipal. La principal actividad económica de las comunidades es la agricultura[207].

4.2. EL REZAGO SOCIAL EN EL MUNICIPIO DE ELOXOCHITLÁN

Los municipios en el país son las regiones que menos bienestar tienen, debido a la falta de desarrollo social que padecen. En 2010, el Consejo Nacional de Población (CONAPO) comunicó que el 73.5% de los municipios presentan marginación[208]. En consecuencia, es fundamental incrementar el bienestar de los habitantes para que puedan disfrutar de una vida digna. Por tanto "…el desarrollo es la expansión de las posibilidades de ser y actuar de las personas, de sus

---

207 Eloxochitlán, *Instituto Nacional para el Federalismo y el Desarrollo Municipal*, citado el 21 de noviembre de 2018, disponible en: http://www.inafed.gob.mx/work/enciclopedia/EMM21puebla/municipios/21061a.html

208 Fernando Pérez, *Tipología del Municipio Mexicano para su Desarrollo Integral, México, Instituto Nacional de Administración Pública*, 2014, p. 347.

capacidades básicas. Puesto de otra forma, el desarrollo es la ampliación equitativa de la libertad humana"[209].

Además, para que las comunidades marginadas puedan desarrollar su calidad de vida es fundamental el crecimiento económico nacional para que el Gobierno Federal pueda llevar a cabo políticas sociales sostenibles.

El crecimiento económico del país en 2012 fue de 3.6%, en 2013 creció en un 1.3%, después en 2014 tuvo un crecimiento de 2.8%, posteriormente en 2015 fue de 3.2%, en 2016 incrementó 2.9%, en 2017 tuvo un crecimiento de 2.3%[210]. El porcentaje de pobreza nacional en 2012 fue de 45.5%[211].

En 2014 incrementó a 46.2%[212], en 2016 el porcentaje de pobreza fue de 43.6%[213]. Por lo tanto, el porcentaje de pobreza tuvo un aumento de 0.7% en comparación con 2012, en 2016 tuvo una disminución de 2.6% en comparación con 2014. Por lo cual, es sustancial que el Producto Interno Bruto incremente, además de que los gobiernos tanto Federal como Estatal lleven una mejor orientación del gasto para fortalecer a los gobiernos locales con el fin de generar políticas sociales eficientes y eficaces que puedan incrementar, el bienestar de las comunidades indígenas.

En el estado Puebla, los municipios ubicados en la región del centro, cuenta con la mayor parte de la riqueza estatal, los cuales son:

---

209 Ibídem, p. 12.

210 "Crecimiento del PIB", *Banco Mundial BIRF-AIF*, citado el 21 de noviembre 2018, disponible en: https://datos.bancomundial.org/indicador/NY.GDP.MKTP.KD.ZG?locations=MX

211 Informe de Pobreza en México, *Consejo Nacional de Evaluación de la Política de Desarrollo Social*, citado el 3 de abril 2019, disponible en: https://www.coneval.org.mx/Informes/Pobreza/Informe%20de%20Pobreza%20en%20Mexico%20201 2/Informe%20de%20pobreza%20en%20México%20 2012_131025.pdf

212 Resultados de pobreza en México 2014, *Consejo Nacional de Evaluación de la Política de Desarrollo Social*, citado el 3 de abril 2019, disponible en: https://www.coneval.org.mx/medicion/mp/paginas/pobreza_2014.aspx

213 Resultados de pobreza en México 2016, *Consejo Nacional de Evaluación de Política Social*, citado el 3 de abril 2019, disponible en: https://www.coneval.org.mx/Medicion/MP/Paginas/Pobreza_2016.aspx

San Pedro Cholula, Cuautlancingo y San Andrés Cholula. Mientras que en el sureste se encuentra Eloxochitlán, con un alto grado de pobreza[214].

Por otra parte, de acuerdo con OXFAM International[215] en Eloxochitlán 6 de cada 10 personas viven en pobreza extrema y 3 de cada 10 en pobreza moderada; también es el municipio que padece mayor grado de rezago social del Estado.

Debido a que el ayuntamiento no ha logrado mejorar la calidad de los servicios públicos de agua potable, drenaje, alcantarillado, alumbrado público, pavimentación de caminos, así como la dificultad que han tenido el Gobierno Federal en coordinación con el Gobierno Estatal, para brindar los servicios de salud, educación y vivienda, el rezago social no disminuye de manera real.

> "Familias cuyos niños no pueden terminar la escuela primaria o la secundaria, no tienen saneamiento, ni cobertura de salud, y otras carencias básicas. En esas condiciones no podrán ingresar los jóvenes en la economía formal, y formarán familias condenadas a repetir el mismo destino..."[216].

La agricultura es la principal actividad para la obtención de ingresos. Es necesario que el Gobierno Local genere otras fuentes de trabajo. En el mismo sentido, es necesario enfatizar que el grado de preparación escolar se encuentra correlacionado con la probabilidad de encontrar un mejor empleo.

---

214 Nueva geografía de la marginación en Puebla, *Consejo Nacional de Población*, disponible en: http://www.e-consulta.com/nota/2016-09-12/sociedad/emigran-ahora-municipios-mas-pobres-al-norte- de-puebla-segun-el-conapo

215 OXFAM International, citado el 21 de noviembre 2018 disponible en: https://www.oxfam.org/es/quienes-somos (Es una confederación internacional instituida por 19 organizaciones que trabajan juntas con organizaciones sociales y comunidades locales en más de 90 países. Proporciona ayuda de emergencia, llevando a cabo proyectos a largo plazo, asimismo, haciendo campaña por un futuro más justo. Su cede principal se encuentra ubicada en Oxford Inglaterra).

216 Amartya S. y Bernardo Kliksberg, *Primero la Gente. Una mirada desde la ética del desarrollo a los principales problemas del mundo globalizado*, Buenos Aires, Ediciones Deusto, 2011, p. 254.

El servicio público de salud, es precario, el Municipio no cuenta con clínicas que tengan el equipamiento suficiente para cubrir las necesidades de los enfermos, tampoco tiene una plantilla de médicos que pueda atender las diversas enfermedades que afectan a la población.

> "En relación con la salud, uno de los problemas más agudos es precisamente la desigualdad que caracteriza tanto las condiciones de salud de las personas, como la atención de menor calidad relativa que éstas reciben, sobre todo en el sistema público de atención sanitaria..."[217].

Generalmente las comunidades rurales solo tienen una pequeña construcción que intenta funcionar como clínica, cuando en realidad no se encuentra en funciones. En el año 2016, el municipio de Eloxochitlán contaba con siete unidades médicas, las cuales eran de consulta externa. Cinco han sido construidas por parte de la Secretaría de Salud y dos por parte del programa PROSPERA. Las cinco unidades médicas de la Secretaría de Salud, cuentan con 3 médicos y las dos unidades habilitadas por parte de PROSPERA cuentan con 1 médico[218].

En el caso del servicio educativo la infraestructura no es suficiente por lo cual, el municipio en 2015 presentó la tasa de jóvenes de 15 años o más con educación básica incompleta, la cual fue de 76.12%, mientras que en el mismo año en San Pedro Cholula fue de 36.11%[219]. Asimismo, por ausencia de salud, los educandos se encuentran en la necesidad de abandonar las aulas, como consecuencia, más adelante no podrán adquirir un empleo formal.

Por ello, si la población no cuenta con la suficiente preparación académica para conseguir un empleo sufrirán de pobreza. Es decir, "... la fuerza de trabajo es la principal fuente de ingresos. Esta fuerza

---

217 Ibídem, p. 15.

218 Anuario estadístico y geográfico de Puebla, *Instituto Nacional de Estadística y Geografía 2017*, disponible en https://www.datatur.sectur.gob.mx/ITxEF_Docs/PUE_ANUARIO_PDF.pdf

219 Índice de rezago social, *Consejo Nacional de Evaluación de la Política Social*, disponible en: https://www.coneval.org.mx/coordinacion/entidades/Puebla/Paginas/Indice-de-Rezago-Social- 2015.aspx

de trabajo tiene distintas retribuciones en el mercado laboral, en general ligadas tanto a los años de escolaridad de las personas, como la distancia a los centros de producción y mercados..."[220].

En la misma tesitura la inseguridad es otro de los males que aquejan a las comunidades rurales, puede culparse por ejemplo a la ineficiencia de los grupos policiales, sin embargo, mientras no exista empleo para la población las personas fácilmente deciden dedicarse al robo, si las familias no cuentan con ingresos fijos, los niños no podrán acudir a las instituciones educativas, de no hacerlo no tendrán un trabajo formal, por lo cual decidirán adquirir el dinero de manera fácil; "la combinación de jóvenes excluidos, que no tienen por donde incorporarse a la vida laboral de reducida educación, así como de familias desarticuladas, crea un inmenso grupo de jóvenes expuestos a involucrarse en actividades delictivas"[221].

El riesgo merma las relaciones sociales y crea desconfianza entre los ciudadanos. Por lo que origina un ambiente que impide que las personas lleven a cabo sus actividades de manera segura. Dicho de otro modo, "La incidencia delictiva y la violencia afectan de forma contundente a la sociedad sus efectos reflejan la desigualdad social, alteran las prácticas de convivencia y minan los vínculos de solidaridad y confianza todo lo cual afecta al bienestar de la población"[222].

Es necesaria la creación de políticas sociales por parte del gobierno que atiendan de manera real la problemática de la población, afecciones que no permiten que exista cohesión social. Esto teniendo en cuenta que, "La lógica integral parte de la idea de cohesión social, la cohesión social es la capacidad de una sociedad para asegurar el bienestar de todos sus miembros, al minimizar las disparidades y evitar la polarización"[223].

---

220 Rodolfo de la Torre, Eduardo Rodríguez, et al. Op. cit., p. 20.
221 Amartya S. y Bernardo Kliksberg, Op. cit., p. 249.
222 Rodolfo de la Torre, Eduardo Rodríguez, et al. Op. cit., p. 25.
223 Amartya S. y Bernardo Kliksberg, Op. cit., p. 255.

4.2.1. Planeación estatal y municipal (2011-2018)

La coordinación del trabajo entre el gobierno del estado de Puebla con el ayuntamiento de Eloxochitlán, en el periodo de 2011 a 2018, no obtuvo los resultados que tenían planeados. El Plan Estatal de Desarrollo de Puebla (PED) 2011-2017[224] en materia de política social, pretendió mejorar las condiciones de vida de la población en el ámbito de salud, educación y tecnología. Uno de sus ejes rectores fue la lucha contra el rezago social, denominado *igualdad de oportunidades para todos.*

Su primera vertiente fue la determinación para reducir la brecha social. Resultó para el Gobierno Estatal una responsabilidad prioritaria, para construir un Estado más justo y equitativo. En la misma tesitura, por medio de la implementación de una política social responsable e integral alineada a la Metodología de Medición Multidimensional de la Pobreza del Consejo Nacional de Evaluación de la Política de Desarrollo Social (CONEVAL)[225]. De acuerdo con el Plan Estatal de Desarrollo, fue toral la atención integral de niñas, niños y adolecentes[226].

La segunda vertiente del PED fue el *acceso a la salud para todos los poblanos.* Se creó con el fin de proporcionar a las comunidades los medios necesarios para ejercer un mayor control sobre su salud, así como la prevención para mitigar la aparición de enfermedades. El cometido se tenía previsto para realizar una transformación histórica

---

224 Actualización del Plan Estatal de Desarrollo 2011-2017. Informe de Ejecución del PED 2011-2017, Ejercicio 2015. *Gobierno del Estado de Puebla, 2015*, citado el 21 de noviembre 2018, disponible en: http://planeader.puebla.gob.mx/pdf/planes/ANEXO_INFORME_EJECUCION.pdf

225 Medición multidimensional de la pobreza en México un enfoque de bienestar económico y de derechos sociales, *Consejo Nacional de Evaluación de la Política de Desarrollo Social*, citado el 28 de noviembre 2018, disponible en: https://www.coneval.org.mx/InformesPublicaciones/FolletosInstitucionales/Documents/Medicion- multidimensional-de-la-pobreza-en-Mexico.pdf

226 Actualización del Plan Estatal de Desarrollo 2011-2017. Informe de Ejecución del PED 2011-2017, Ejercicio 2015. *Gobierno del Estado de Puebla, 2015*, citado el 21 de noviembre 2018, disponible en: http://planeader.puebla.gob.mx/pdf/planes/ANEXO_INFORME_EJECUCION.pdf

para lograr una sociedad más sana y con igualdad de oportunidades para todos. La política de salud estuvo planeada para garantizar el acceso pleno a los servicios de salud a toda la población, sin importar su condición económica, geográfica, étnica o de género. Contar con unidades médicas cercanas a su lugar de origen, con alto nivel de resolutividad y disponibilidad de personal e insumos[227].

La tercera vertiente se encontraba enfocada en educación, denominada *educar para transformar el futuro de Puebla.* En el quinto año de la Administración Estatal tuvo como objetivos asegurar la Asistencia escolar, promover la Permanencia, así como mejorar el Aprendizaje de las personas (APA). Se llevaron a cabo acciones que incentivaran el emprendedurismo, con el fin de que los jóvenes de la entidad se convirtieran en futuros líderes. Para la Administración Estatal resultó fundamental desarrollar una sociedad competente y preparada, con estudiantes capaces de integrar en su vida los aprendizajes en ciencia y tecnología, con la finalidad de cerrar la brecha entre las generaciones en el uso de la tecnología.

De la misma manera, el Plan de Desarrollo Municipal 2014-2018[228] de Eloxochitlán enfocó sus ejes rectores en materia de salud, educación y servicios públicos. Su primer eje denominado: *Salud derecho de todos* menciona que atenderían la necesidad de salud de la población del Municipio, con la formulación, conducción, mejoramiento y evaluación de planes, programas, así como acciones que fomentaran políticas de desarrollo, orientadas al apoyo de los grupos en situación de riesgo, a través de la dotación de servicios públicos de calidad.

Asimismo, el impulso de políticas públicas, cuya prioridad sería la atención tanto de grupos como de las personas en condiciones de mayor vulnerabilidad: niños, adultos mayores, personas con discapacidad, mujeres embarazadas, jóvenes y familias de escasos recursos.

Su segundo eje llamado *educación oportuna,* explica que la Administración del ayuntamiento trabajaría para brindar de forma oportuna los servicios de educación, teniendo en mente que es el pilar en la formación de mejores ciudadanos. Menciona que se colaboraría con los gobiernos Federal y Estatal, con la sociedad, padres de familia y con los profesores, para disminuir la carencia en educación. También expresa que para obtener educación de calidad es necesario dotar de herramientas a los jóvenes para prepararlos para el futuro; se trabajaría para mejorar las instituciones a través de gestiones e inversiones, facilitando el acceso a nuevas tecnologías[229].

Su cuarto eje denominado *Servicios básicos y sociales,* menciona: Generar condiciones favorables que permitan un desarrollo. Puesto que, se pretendía brindar servicios de calidad con infraestructura que respondiera a las demandas sociales. El desafío sería crecer y desarrollarse, impulsando la construcción de una sociedad económicamente activa, productiva, así como competitiva[230].

Cabe resaltar que el Gobierno Federal destinó recursos económicos al gobierno de Puebla para que los transfiriera a los municipios por medio del fondo de desarrollo municipal, con la finalidad de aplicarlos en materia de desarrollo social[231]. En el año 2013, el gobierno de Eloxochitlán recibió $17,582,388.17[232], en 2015, $19,929, 031.00[233] y en 2017, $ 24,444,369.00[234]. A pesar de ello, el ayuntamiento no ha podido abatir el rezago social.

---

233 Ley de egresos del Estado de Puebla, *Honorable Congreso del Estado,* citado el 4 de abril 2019, disponible en: http://www.ordenjuridico.gob.mx/Documentos/Estatal/Puebla/wo96753.pdf

234 Ley de egresos del Estado de Puebla, Periódico Oficial del Estado de Puebla, citado el 4 de abril 2019, disponible en: http://www.auditoriapuebla.gob.mx/images/transparencia/LEYES/2017/ley%20de%20egresos%20201 7.pdf

4.2.2. Ingresos otorgados al municipio por parte del Gobierno Federal, ramos 33 y 28

De los municipios que conforman el estado de Puebla, Xochitlán de Vicente Suárez, Jalpan y Jopala son las entidades que cuentan con una población similar a la de Eloxochitlán. El municipio de Eloxochitlán para el ejercicio fiscal 2017 recibió del ramo 33 la cantidad de $24,444,369.00. Considerando tres Municipios con una población similar a la de Eloxochitlán, se reveló que a pesar de la menor cantidad de ingresos que recibieron los municipios de Xochitlán de Vicente Suárez $19,964,441.00, Jalpan $16,853,787.00 y Jopala $17,618,250.00 tienen un índice de rezago social superior al de Eloxochitlán.

Municipio	Población (Proyección 2017)	Presupuesto del ramo 33 (2017)	Índice per capita	Grado de rezago social
Xochitlán de VicenteSuarez	13,033	$ 19,964,441.00	$ 1,531.83	Alto
Jalpan	13,406	$ 16,853,787.00	$ 1,257.18	Alto
Eloxochitlán	13,595	$ 24,444,369.00	$ 1,790.53	Muy alto
Jopala	13,652	$ 17,618,250.00	$ 1,290.52	Alto

Fuentes: Proyección de población: SEDESOL 2017[235]. Presupuesto del ramo 33: Ley de egresos del estado. de Puebla 2017[236]. índice per cápita: Elaboración propia. Grado de rezago social[237].

Asimismo, la diferencia entre la población de Jopala y Eloxochitlán, es solo de 57 habitantes, mientras que el índice per cápita de Eloxochitlán es de $1,790.53 y el de Jopala de $1,290.52, por lo que se infiere que el índice per cápita de Eloxochitlán aún siendo mayor, tiene un índice de rezago social muy alto. En el mismo ejercicio fiscal, Eloxochitlán recibió del ramo 28 mayor presupuesto que Xochitlán de Vicente Suárez, Jalpan y Jopala; no obstante, Eloxochitlán cuenta con un mayor grado de rezago social. Como lo indica la siguiente tabla:

---

235 Portal de Planeación para el Desarrollo, *Puebla*, citado el 2 de mayo 2019, disponible en: http://planeader.puebla.gob.mx/index.php/inicio/iaprs2017

Municipio	Población (Proyección 2017)	Presupuesto del ramo 28 (2017)	Índice per capita	Grado de rezago social
Xochitlán de VicenteSuarez	13,033	$ 20,106,444.00	$ 1,542.73	Alto
Jalpan	13,406	$ 17,044,074.00	$ 1,271.37	Alto
Eloxochitlán	13,595	$ 24,508,664.00	$ 1,802.77	Muy alto
Jopala	13,652	$ 17,788,909.00	$ 1,303.02	Alto

Fuentes: Proyección de población: SEDESOL 2017[238]. Presupuesto del ramo 28: Ley de egresos del estado de Puebla 2017[239]. Índice per cápita: Elaboración propia. Grado de rezago social[240].

De la misma manera, se observa que Jopala recibió menor presupuesto que Eloxochitlán, y a pesar de que Jopala presenta mayor población, mantuvo un nivel menor de rezago social que Eloxochitlán. De igual forma, el índice per cápita de Eloxochitlán fue de $1,802.77, mientras que el de Jopala fue de $1,303.02. Por lo tanto, se deduce que posiblemente existan deficiencias en la ejecución de los recursos recibidos por parte del Gobierno Federal.

El presupuesto que recibió el ayuntamiento de Eloxochitlán por parte del Gobierno Federal de los ramos 33 y 28 en el periodo de 2013 a 2017 fue el siguiente:

---

238 Portal de Planeación para el Desarrollo, *Puebla*, citado el 2 de mayo 2019, disponible en: http://planeader.puebla.gob.mx/index.php/inicio/ia-prs2017

Aportaciones federales transferidas al municipio de Eloxochitlán	
Año	**Total de transferencias federales, ramo 33 y 28**
2013	$ 18,229,893.20
2014	$ 20,547,942.20
2015	$ 20,635,046.00
2016	$ 45,336,261.00
2017	$ 48,873,600.00

Fuentes: Elaboración propia con datos de los presupuestos de egresos del estado de Puebla para los ejercicios fiscales de 2013 a 2017[241].

La cantidad recibida en 2014, comparada con 2013, tuvo un incremento de $2,318,049. Para el 2015 el presupuesto que recibió el ayuntamiento fue mínimo, con una diferencia de $87,104. De 2015 a 2016 tuvo un aumento de $24,701,215. Sin embargo, para 2017 el presupuesto solo tuvo un aumento de $3,537,339. Por lo cual, se deduce que el incremento de 2013 a 2015 no puede considerarse suficiente para que el Gobierno Local pueda mejorar los servicios de salud, educación y vivienda. Si bien hay un crecimiento en las transferencias federales en 2016, la cantidad que recibe el ayuntamiento en un año no permite que exista un desarrollo notable. Finalmente, en 2017 el incremento de presupuesto fue lamentable. Por ello, mientras el ayuntamiento continúe recibiendo presupuesto insuficiente para mejorar el bienestar social, la población seguirá sobreviviendo en un círculo vicioso en condiciones de rezago social muy alto.

241 Gobierno constitucional del Estado de Puebla, *Presupuesto de Egresos del estado de Puebla*, citado el 30 de mayo de 2019, disponible en: http://www.auditoriapuebla.gob.mx/leyes/item/ley-de- egresos-del-estado-de-puebla, http://pbr.puebla.gob.mx/attachments/article/ley-de-egresos-2013.pdf, http://pbr.puebla.gob.mx/attachments/article/ley-de-egresos-2014.pdf, http://www.ordenjuridico.gob.mx/Documentos/Estatal/Puebla/wo109807.pdf

4.2.3. Impacto social de la construcción de infraestructura en el municipio

El Gobierno Estatal ha laborado con respaldo del Gobierno Federal, por medio de un Fondo Presupuestal denominado Fondo de Aportaciones para la Infraestructura Social (FAIS)[242] creado por parte de la Secretaría de Desarrollo Social con el fin de abatir el rezago social en las comunidades vulnerables de los municipios. El Fondo de Infraestructura Social Estatal (FISE) se enfoca en crear proyectos de infraestructura social para incrementar la calidad de vida de los habitantes de los municipios[243].

En 2013 por medio del FISE la Administración Pública Estatal amplió una red de electrificación en la localidad de Cuabtlajapa de Eloxochitlán, asimismo, se reconstruyó la carretera: Azumbilla-Tlaco-

---

242 Fondo de Aportaciones para la Infraestructura Social, *Secretaría de Desarrollo Social*, citado el 22 de noviembre 2018, disponible en: https://fais.sedesol.gob.mx/descargas/preguntas_frecuentes (El Fondo de Aportaciones para la Infraestructura Social, se divide en dos fondos: el Fondo de Infraestructura Social Estatal -FISE- y el Fondo de Infraestructura Social Municipal —FISM—).

243 Informe de resultados ejercicio fiscal 2015, FISE, *Puebla Secretaría de Finanzas y Administración*, 2015, citado el 22 de noviembre 2018, disponible en: http://www.evaluacion.puebla.gob.mx/pdf/Informe_Completo_FISE2015.pdf (Los recursos del FISE deben ser orientados a la realización de cuatro proyectos: 1) Directos: Proyectos de infraestructura social básica que contribuyen de manera inmediata a mejorar alguna de las carencias sociales relacionadas con la pobreza multidimensional e identificadas en el Informe Anual. 2) Indirectos: Proyectos de infraestructura social básica asociados a los proyectos de contribución directa, que son necesarios para la realización de éstos. 3) Complementarios: Proyectos de infraestructura social básica que coadyuvan al mejoramiento de los indicadores de pobreza, rezago social al desarrollo tanto económico como social de las entidades. 4) Proyectos Especiales: Proyectos que no estén señalados en el Catálogo del FAIS, pero que pueden realizarse siempre que se ubiquen dentro de los destinos a que se refiere el artículo 33 de la Ley de Coordinación Fiscal Federal y se demuestre que tienen un impacto en la disminución de la pobreza. Para su realización, dichos proyectos deben llevarse a cabo en coinversión con otros recursos federales, estatales y municipales).

tepec de Díaz, tramo Eloxochitlán - El Tepeyac[244]. Fueron las únicas obras que se llevaron a cabo en el año mencionado.

Durante el año 2014 el reporte del FISE muestra la reconstrucción de la carretera: Azumbilla – Tlacotepec de Díaz, tramo Alcomunga – Eloxochitán. De la misma manera, el Fondo de Infraestructura Social Estatal publicó nuevamente que se amplió la red de electrificación en la localidad de Cuabtlajapa[245]. Debe señalarse que el FISE expuso la misma obra de electrificación del año anterior. No se realizaron obras en temas de salud, educación, vivienda o servicios como agua potable, alcantarillado o drenaje.

En el transcurso del año 2015 el Gobierno Estatal realizó obras de construcción de cuartos dormitorio, colocación de techos, mejoramiento y equipamiento a comedores comunitarios, incremento y ampliación de vivienda, instalación de tanques de agua potable y de estufas ecológicas[246].

En el año 2016 se inició la construcción de un centro de salud en el municipio[247]. Fue esta la única obra de infraestructura que presentó el FISE. Durante 2017 se reconstruyó la carretera Azumbilla – Tlacotepec de Díaz en dos tramos distintos: Eloxochitlán – El Tepeyac y Alcomunga – Eloxochitlán[248]. Durante este año no se llevó a

---

244 Reportes FISE Puebla 2013, *Secretaría de Desarrollo Social*, 2015, citado el 22 de noviembre 2018, disponible en: http://www.sedesol.gob.mx/es/SEDESOL/Primer_Trimestre_2013_FISE

245 Reportes FISE Puebla 2014, *Secretaría de Desarrollo Social*, 2015, citado el 22 de noviembre 2018, disponible en: http://www.sedesol.gob.mx/es/SEDESOL/Reportres_Trimestrales_FISE_2014

246 Informe de resultados ejercicio fiscal 2015, FISE, *Puebla Secretaría de Finanzas y Administración*, 2015, citado el 22 de noviembre 2018, disponible en: http://www.evaluacion.puebla.gob.mx/pdf/Informe_Completo_FISE2015.pdf

247 Reportes FISE Puebla 2016, *Secretaría de Desarrollo Social*, 2015, citado el 22 de noviembre 2018, disponible en: http://www.sedesol.gob.mx/es/SEDESOL/Reportes_Trimestrales_FISE_2016

248 Reportes FISE Puebla 2017, *Secretaría de Desarrollo Social*, 2015, citado el 22 de noviembre 2018, disponible en: http://www.sedesol.gob.mx/es/SEDESOL/Reportes_Trimestrales_FISE_2017

cabo ningún avance en materia de salud, vivienda o educación. Cabe señalar que se dió a conocer la misma obra de los años 2013 y 2014.

Las obras mencionadas se llevaron a cabo durante la Administración 2011 a 2014 y finalizaron durante la Administración posterior de 2015 a 2018. Los resultados de la medición multidimensional de pobreza del Consejo Nacional de Evaluación de la Política de Desarrollo Social del 2015 mostraron que el Municipio tuvo un grado de rezago social muy alto. De los 12,520 habitantes, el 97.2% presentó carencias en el acceso de servicios básicos de vivienda. El porcentaje de personas con carencias de vivienda fue del 53.4 % del total de la población. El 26% se encontró en viviendas con piso de tierra. El 27% con techos de material de poca solidez. El 77.8% presentó falta de acceso al agua; por lo tanto, la instalación de tanques de agua no presentó avance alguno. El 63% no tuvo acceso a servicio de drenaje, el 71.5% de las viviendas no contaban con chimenea para cocinar, lo cual significa que el beneficio de la instalación de estufas ecológicas que se llevó a cabo en el mismo año fue deplorable. El número de personas con carencia de servicios básicos de vivienda fue de 11,765; esta cifra con respecto al total de la población, representó el 97.2%[249].

Por otro lado, el 76.12% de la población padece rezago educativo[250]. Existe en Eloxochitlán carencias en materia de equipamiento e infraestructura escolar, además, el sistema educativo no ha sido incluyente, ya que no considera la multiculturalidad del Municipio. Se produce una fragmentación social, pues los niños indígenas no pueden aprender de manera satisfactoria, sin referentes acorde a su identidad. Aunado a lo anterior, en los dialectos que hablan las comunidades indígenas existen conceptos que en los programas educativos actuales no están presentes. Del mismo modo, hay sonidos en los dialectos que no se registran en el alfabeto en español. Asimismo,

---

249 Informe anual sobre la situación de pobreza y rezago social 2016, *Secretaría de Desarrollo Social,* citado el 28 de noviembre 2018, disponible en: http://planeader.puebla.gob.mx/pdf/SEDESOL/2016/061.pdf

250 Índice de rezago social 2015 a nivel Nacional, Estatal y Municipal, *Consejo Nacional de Evaluación de la Política de Desarrollo Social,* 2018, citado el 28 de noviembre 2018, disponible en: https://www.coneval.org.mx/Medicion/IRS/Paginas/Indice_Rezago_Social_2015.aspx

los habitantes sufren de un bajo grado de cohesión social, por el alto índice de carencia de seguridad social y alimentario. Sumado a ello, la mayoría de la población percibe un ingreso inferior a la línea de bienestar (valor monetario de una canasta de alimentos y bienes)[251].

Las acciones que llevó a cabo el Gobierno Estatal por medio del FISE no ayudaron a disminuir el rezago social de la población; tampoco se dio continuidad a ninguna de las obras implementadas. En materia de educación no se presentó mejora alguna en las dos administraciones mencionadas. Por lo tanto, no incrementó el desarrollo social de las comunidades indígenas. La Ley Orgánica Municipal del estado de Puebla, en su artículo 45 menciona: "Los Planes de Desarrollo Municipal, deberán incluir programas de acción tendientes al fortalecimiento, conservación y bienestar de las comunidades indígenas"[252]. A pesar de que el orden jurídico menciona que los grupos indígenas deben gozar de fortalecimiento y bienestar, en la práctica el gobierno Municipal no lo ha logrado, aunque ha sido apoyado por el Gobierno Estatal. Es necesario que los gobiernos locales sean reforzados para que con la implementación de las políticas sociales brinden mejores resultados. La población no puede ser beneficiada si no existen instituciones político-administrativas sólidas que llevan a cabo su labor de manera efectiva. En el mismo sentido, las políticas sociales deben ser reorientadas con objetivos que brinden beneficios a la población a largo plazo, evitando que la Administración Pública Local realice obras para salir del paso. De la misma manera, para lograr el incremento de la calidad de vida de la ciudadanía, es necesario que existan Organismos Administrativos Públicos de vanguar-

---

251 Medición de la pobreza multidimensional, *Centro de Estudios de las Finanzas Públicas,* enero 2018, citado el 28 de noviembre 2018, disponible en: http://www.cefp.gob.mx/publicaciones/presentaciones/2018/pbr/Puebla.pdf (La medición multidimensional de la pobreza toma en cuenta las siguientes variables: Ingreso, rezago educativo, acceso a servicios de salud, acceso a la seguridad social, acceso a la alimentación, calidad y espacios de vivienda y grado de cohesión social).

252 Ley Orgánica Municipal, *Honorable Congreso del Estado Libre y Soberano de Puebla LIX Legislatura,* octubre 2018, citado el 28 de noviembre 2018, disponible en: http://www.ordenjuridico.gob.mx/Documentos/Estatal/Puebla/wo96700.pdf

dia para terminar con el círculo vicioso que aqueja a la población multicultural.

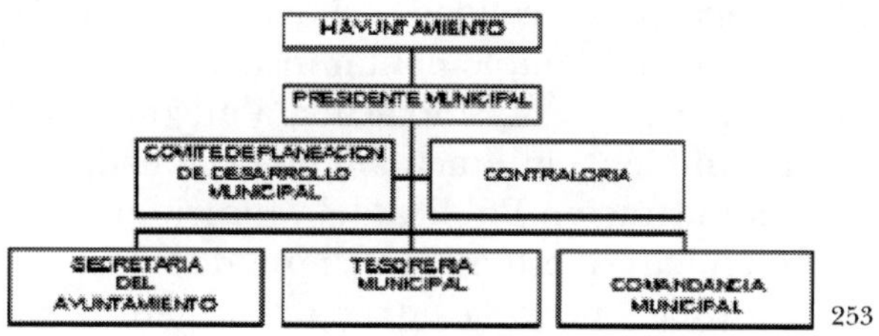

[253]

En el mismo sentido, el ayuntamiento de Eloxochitlán sufre de retraso en sus procesos administrativos, la Administración Pública en la actualidad demanda una organización eficiente, económica y eficaz, para llevar a cabo su labor de manera óptima. La estructura orgánica del Municipio, publicada por el Instituto Nacional para el Federalismo y el Desarrollo Municipal (INAFED), únicamente muestra un Comité de Planeación de Desarrollo Municipal. En el Plan de Desarrollo Municipal 2014-2018, se menciona la Dirección de Obras Públicas. La cual no se encuentra en la estructura orgánica publicada por el INAFED.

Por lo tanto, de formar parte del ayuntamiento la Dirección mencionada, puede entenderse que la labor administrativa de la Administración Publica Local es obsoleta ya que no han existido avances contundentes en materia de obras públicas. De la misma manera, la estructura orgánica del ayuntamiento no tiene la organización necesaria para llevar a cabo su labor de manera óptima. Es necesario que el ayuntamiento cuente con otras áreas con el fin de que mejore su labor. Cabe mencionar que pueden integrarse al ayuntamiento pequeñas áreas, siempre y cuando sean profesionales, eficaces y eficientes.

---

[253] Organización y Estructura de la Administración Pública Municipal, *Instituto Nacional para el Federalismo y el Desarrollo Municipal*, citado el 6 de diciembre 2018, disponible en: http://www.inafed.gob.mx/work/enciclopedia/EMM21puebla/municipios/21061a.html

El ayuntamiento no cuenta con las herramientas necesarias para poder coordinarse con los gobiernos Federal y Estatal, de no tener los elementos necesarios para mejorar sus prácticas administrativas no podrá brindar servicios de calidad. Asimismo, para la Administración Pública es fundamental implementar instrumentos tecnológicos para modificar su operación, no sólo ayuda a mejorar sus funciones al interior de ésta, también a interactuar con la ciudadanía de manera efectiva. La Administración Pública del Municipio creó un portal electrónico[254], sin embargo, éste no funciona de manera adecuada, no muestra la información de la estructura orgánica, tampoco la conformación del Cabildo ni su bando municipal[255]; información elemental que debe dar a conocer un ayuntamiento por medio de

---

254 H. Ayuntamiento de Eloxochitlán, citado el 28 de noviembre 2018, disponible en: http://eloxochitlanpuebla.gob.mx/# (Portal electrónico del Municipio de Eloxochitlán).

255 Los Municipios y sus Bandos de Policía y Buen Gobierno, *Biblioteca Jurídica Virtual del Instituto de Investigaciones Jurídicas de la UNAM*. Citado el 28 de noviembre 2018, disponible en: https://archivos.juridicas.unam.mx/www/bjv/libros/6/2627/5.pdf (1.- El Bando municipal es uno normatividad u ordenamiento de carácter general, regularmente asociado a cuestiones administrativas cuya sustancia versa exclusivamente sobre el establecimiento de conductas típicas de los gobernados que serán consideradas faltas o infracciones administrativas por alterar la paz, el orden público o por poner en riesgo la seguridad colectiva. 2.- Cabe señalar que el Bando Municipal más reciente con el que cuenta el Ayuntamiento es de 2006. Este ordenamiento jurídico debe actualizarse al inicio de cada Administración. 3.- La Ley Orgánica Municipal del H. Congreso del Estado de Puebla, menciona en su artículo 88 bis: Los Ayuntamientos deberán aprobar y publicar dentro de los 90 días siguientes a su toma de posesión su Bando de Policía y Gobierno o, en su caso, ratificar o actualizar el vigente. Asimismo, el articulo 89 en su segundo párrafo, de la Ley mencionada manifiesta: Los Ayuntamientos deberán de difundir en el territorio del Municipio, de manera constante y para su mejor cumplimiento, la normatividad que regule el funcionamiento y fines de la Administración Pública Municipal, así como otros documentos de importancia, para tal fin podrán contar con un órgano de difusión llamado Gaceta Municipal. El artículo 79 de la norma mencionada en su segundo párrafo expresa: En aquellos Municipios con población mayoritariamente indígena la normatividad observará los usos y costumbres en la medida de lo posible, sin que contravengan los derechos humanos reconocidas en el orden jurídico Nacional).

su gobierno electrónico. Además, los documentos que pública el portal en materia de transparencia se encuentran incompletos o sin información; es el caso de hacienda pública. La opción de atención ciudadana esta inhabilitado, tampoco contiene información de la legislación local.

De la misma manera, no puede tenerse comunicación de manera telefónica, ya que el número registrado en el portal no existe. La ineficiencia e ineficacia de su gobierno electrónico afecta la coordinación con el Gobierno Estatal, Federal, con instituciones no gubernamentales y con la ciudadanía. La falta de calidad en la comunicación interinstitucional es muestra de una precaria gobernabilidad del ayuntamiento.

4.2.4. La importancia de las Autoridades Auxiliares Municipales como elemento fundamental para el desarrollo social

Es fundamental que los ayuntamientos tengan contacto directo con los habitantes para que conozcan las necesidades de la población. También, llevar a cabo su labor de manera continua con el fin de proveer a los habitantes de servicios públicos de calidad. Por lo cual, es necesaria la descentralización de la Administración Pública Municipal[256],por medio de organizaciones político-administrativas. En los municipios de Puebla a las conocidas "delegaciones" se les denomina "juntas auxiliares" y son cuerpos colegiados ya que se integran de un presidente, un secretario, un tesorero, así como un cuerpo policial encargado de la seguridad pública. Cuatro miembros que actúan para atender los asuntos comunitarios. Las atribuciones de las Autoridades Auxiliares son: representar al ayuntamiento en la comunidad o demarcación territorial, asimismo a la población ante el ayuntamiento. De la misma manera, vigilar y coadyuvar al cumpli-

---

[256] Humberto Polo, *Administración pública comunitaria y gobierno local en México: Las autoridades auxiliares municipales*, México, Instituto Nacional de Administración Pública, 2012, p.127 (La descentralización involucra un traslado horizontal y no vertical de competencias, no es temporal sino definitivo y genera el ejercicio autónomo de la atribución respectiva por parte de la institución o autoridad que pasa a ser titular de la misma).

miento de los ordenamientos tanto Federales, Estatales como Municipales, ejecutar los acuerdos del ayuntamiento, así como los mandatos del Presidente Municipal. También, mantener el orden público; informar al Presidente Municipal de los asuntos relacionados a su cargo, actuar como conciliadoras en los conflictos vecinales, promover, igual que coordinar la participación ciudadana en la solución de asuntos sociales, gestionar ante las instancias del gobierno Municipal la solución a los problemas de la colectividad, asimismo, participar en la introducción, ampliación y vigilancia de los servicios públicos.

El municipio de Eloxochitlán se conforma por 44 localidades (subdivisiones)[257], de las cuales solo una cuenta con su autoridad auxiliar la cual es Zacacoapan[258]. Por lo tanto, el ayuntamiento no tiene la capacidad de interactuar con los habitantes que se encuentran alejados de la cabecera municipal. El hecho de que el ayuntamiento no tenga representación tanto política como administrativa en las comunidades lejanas significa, primero, que no podrá comunicarse con los grupos autóctonos para conocer sus necesidades, segundo; que no tendrá la aptitud de cabildear con la población en el momento en que quiera llevar a cabo alguna acción que mejore las condiciones de vida de los mismos. Es necesario recordar que no es labor sencilla para las autoridades gubernamentales negociar con los grupos étnicos, por ejemplo, que los segundos permitan llevar a cabo una obra

---

257 Catálogo de Localidades, *Secretaría de Desarrollo Social*, 2015, citado el 28 de noviembre 2018, disponible en: http://www.microrregiones.gob.mx/catloc/LocdeMun.aspx?tipo=clave&campo=loc&ent=21&mun=061 (Las localidades que conforman al municipio de Eloxochitlán son: Campo Nuevo Uno, Itzcuintonalco, Papaloapan, Tepetzala, Tlacotéperl, Loma Bonita, Tetziquitla, Campo Nuevo Dos, Comala, Tepeticpac, Totolacatla, Coyomeapan, Elacuaftla, Laguna Seca, Ojo de Agua, Tecamachalco, Tlalachialco, Mochichino, Atzitzicatla, Peñafiel, Unión y Progreso, Atexacapa, Atiocuabtitla, El mirador, Tepepan Xonotipan de Juárez, Zacacoapan, Chiapa, Tuxtla, Cañada Rica, El Tepeyac, La Pedrera, Macuiltepec, Amatitla, Cuabtlajapa, Tlazolapa, Rancho Victoria, El Crucero, Buena Vista, Las Flores, Xochititla, Xoxohuicapa y Rancho Nuevo).

258 Directorio de Presidencias Auxiliares 2011-2014, Secretaria General de Gobierno, citado el 3 de diciembre 2018, disponible en: https://es.scribd.com/document/220647232/Directorio-de-Presidencias- Auxiliares-Periodo-2011-2014-1

pública. Por lo cual, es necesario que el gobierno tenga la confianza de los habitantes y esto solo lo logrará si mantiene una relación constante con ellos.

Por otra parte, mientras el ayuntamiento lleve a cabo una estructuración administrativa para tener contacto con la población, no podrá cumplir con sus necesidades. La existencia de las Autoridades Auxiliares es fundamental en la organización administrativa. La Administración Pública en la actualidad se ha vuelto más compleja debido a las demandas sociales que han incrementado con el paso del tiempo, por lo cual, si los ayuntamientos no adoptan el entramado administrativo que requiere la población, no habrá desarrollo social. De no llevarse a cabo la descentralización administrativa, no podrá generarse la acción pública que necesita el Gobierno Local, es decir, que éste cuente con organismos públicos coordinados para blindar a la población, lograr el contacto directo con ésta para que exista un trabajo mutuo, una relación sociedad-gobierno.

De esta manera, puede entenderse que la política social que han implementado el Gobierno Federal, Estatal y Municipal, no han logrado mitigar la condición de rezago social de los habitantes. En las dos administraciones analizadas 2011-2014 y 2015- 2018 no hubo una disminución de pobreza de los habitantes de Eloxochitlán. Las limitadas condiciones de equipamiento del ayuntamiento, así como de su infraestructura han provocado que su administración no brinde servicios de calidad. Si el Gobierno Local continúa laborando sin utilizar tecnologías de información, provocará continuar la precaria coordinación con los gobiernos Estatal y Federal. Por lo expuesto, el ayuntamiento aún continúa trabajando de manera ineficiente tanto por la falta de modernización al interior de su estructura, como por carecer de los organismos necesarios para brindar mejores servicios públicos a las comunidades indígenas, éstos funcionarían como nodos entre sí y medrarían las funciones de su administración. En la misma tesitura, tendría mayor solidez de manera vertical como horizontal. Sucede lo mismo en el caso de la falta de Autoridades Auxiliares; por lo tanto, el hecho de que no existan en el municipio, provoca que la Administración Pública Municipal no conozca las demandas sociales. El ayuntamiento carece de comunicación directa con la población multicultural, como consecuencia, existe una falta de acción pública.

Finalmente, de no replantear al ayuntamiento, las políticas sociales con el apoyo del Gobierno Estatal y Federal, no incrementarán el índice de desarrollo humano de los habitantes. De la misma manera, si el gobierno local sigue laborando sin modernizar su equipamiento, procesos, procedimientos, así como no fortalecerse creando Autoridades Auxiliares, no podrá incrementar la calidad de vida de la población.

Diagnóstico

1. La política social que se ha llevado a cabo por parte de los tres niveles de gobierno, no ha logrado disminuir los índices de rezago social de la población que se rige por el sistema de usos y costumbres. El Plan Estatal de Desarrollo (PED) que presentó el gobierno del estado de Puebla 2011-2017 en temas de salud, educación y tecnología no fueron cumplidos. En materia de política social, se mencionó que existiría igualdad de oportunidades de desarrollo para todos los habitantes, sin embargo, no hubo un incremento en el porcentaje en la calidad de servicios públicos en las comunidades indígenas. En el aspecto de salud no disminuyeron los índices de enfermedades, tampoco hubo cobertura de servicios de salud para todos los habitantes del Municipio, aunque el Plan Estatal de Desarrollo explica que dotaría a los municipios de los medios necesarios para ejercer un mayor control sobre este problema. En el ámbito educativo no se lograron los objetivos planeados por parte del PED, pues se tenía contemplado crear una sociedad competente, preparada, con estudiantes capaces de integrar en su vida los aprendizajes en ciencia y tecnología. Por lo cual, el porcentaje de rezago educativo no disminuyó en el Municipio. Todo ello incumple lo que la La Ley Orgánica Municipal del estado de Puebla en su articulo 44 menciona que "los Planes de Desarrollo Municipales deben fortalecer, conservar y beneficiar a las comunidades indígenas". En el estudio realizado, no se identificó bienestar alguno para los grupos étnicos. Por lo tanto, lo que se encuentra escrito en la normatividad Estatal en realidad no se cumple. Debe replantearse la creación de las políticas sociales, planearlas de manera racional, perfeccionar los mecanismos con los que se implementan.

2. De 44 comunidades que conforman al municipio sólo una cuenta con su Autoridad Auxiliar correspondiente, de continuar el ayuntamiento en las mismas condiciones, no mermara el rezago social de los habitantes. La debilidad de la estructura del ayuntamiento daña a la gobernabilidad del mismo, por una parte, no acciona de manera eficiente y eficaz en la respuesta a los problemas sociales, por otra, al no tener una organización consolidada sus funciones no mejorarán

debido a que no existe una relación efectiva con los gobiernos Estatal y Federal. De permanecer con signos de una gobernabilidad frágil, no podrá conseguirse la acción pública que se necesita para acelerar el andamiaje administrativo del ayuntamiento, es decir, una efectiva comunicación entre los tres niveles de gobierno, así como la participación ciudadana con el ayuntamiento, además de otras instancias como pueden ser Organismos no Gubernamentales.

3. El ayuntamiento no ha llevado a cabo acciones para tener acercamiento con la población con la finalidad de crear una mayor participación ciudadana en los asuntos públicos, es decir, se necesitan actividades para que los habitantes cooperen con el Gobierno Local para solucionar los conflictos que existen entre las comunidades y el ayuntamiento, de lo contrario se entorpece el trabajo de la Administración Pública para incrementar el bienestar social. Por otro lado, existe un vacío de opinión pública común para que haya mayor entendimiento entre los grupos indígenas y el ayuntamiento.

4. El ayuntamiento no ha descentralizado sus funciones de manera estratégica, ya que no cuenta con las Autoridades Auxiliares pertinentes para:

a) Llevar a cabo su labor de manera efectiva: mientras la Administración Pública Local no pueda accionar en todas las comunidades del municipio no logrará tener el alcance suficiente para mermar el rezago social de su población.

b) Tener cercanía con la población: es necesaria la interacción directa de la Administración Pública Local con los habitantes para conocer sus necesidades, con el fin encontrar la mejor solución para mitigar sus carencias, atacarlos desde la raíz y no de manera superflua. Mientras no existan Autoridades Auxiliares, el ayuntamiento no tendrá comunicación directa con los habitantes.

c) Ganar la confianza de la población: los grupos multiculturales que se rigen por el sistema de usos y costumbres frecuentemente no dialogan con el gobierno debido a la desconfianza que la población tiene. No existen miembros del ayuntamiento que sirvan como nexo con las comunidades indígenas. De continuar con la ausencia de una administración democrática que no toma en cuenta a su ciudadanía, seguirá generando tanto incredulidad como desconfianza.

5. La mayoría de la población de Eloxochitlán es católica, su fiesta patronal es a San Miguel Arcángel llevada a cabo el 29 de septiembre, celebrado con misas, rezos, procesiones y juegos pirotécnicos. También se realiza la danza de tecuanis, la cual representa la cacería del tecuani, animal que perjudicaba a los pobladores. Por la tarde se baila en la casa del mayordomo de las comunidades, posteriormente se llevan ceras a la iglesia. Su música se realiza por medio de banda de vientos, su artesanía es el tejido de palma y carrizo.

6. Se encontró una débil estructura del Gobierno Local, debido a que el ayuntamiento no cuenta con las instancias necesarias al interior del mismo para poder brindar los servicios públicos que la población demanda. La estructura orgánica del ayuntamiento solamente cuenta con el Comité de Planeación de Desarrollo Municipal, no presenta ninguna dirección administrativa. Con una estructura débil no pueden solucionarse los problemas públicos. Es necesario adherir otras áreas al ayuntamiento para cumplir con las necesidades sociales. La fragilidad de la estructura orgánica del ayuntamiento es una limitante institucional para incrementar el desempeño de la gestión municipal.

7. Se identificó que el ayuntamiento trabaja por medio de una Administración Pública obsoleta, no cuenta con los medios tecnológicos de información necesarios para llevar a cabo tanto procesos como procedimientos efectivos. El portal electrónico del ayuntamiento se encuentra en un estado deficiente, pues la página web se encuentra inactiva. No puede obtenerse información sobre la administración actual, no puede accederse a la información del Cabildo, del Bando Municipal, de la estructura orgánica, información sobre transparencia en materia de hacienda pública, asimismo, no puede accederse al Plan Municipal de Desarrollo, tampoco de manera telefónica puede haber contacto con el ayuntamiento. De no existir comunicación óptima por parte del Gobierno Local con los órdenes de Gobierno Federal y Estatal, con ONG's, con la ciudadanía o con otro actor de la arena pública; el ayuntamiento se encontrará aislado, sin capacidad de laborar de manera efectiva. En pleno siglo XXI, una población

determinada no podrá tener desarrollo social, si su gobierno se encuentra sin capacidades de respuesta a sus grupos étnicos.

8. El ayuntamiento no cuenta con las herramientas necesarias para poder brindar servicios públicos de calidad. Al no tener la Administración Púbica Local áreas o Autoridades Auxiliares Municipales para que los ciudadanos tengan respuesta a una petición, no puede llevarse a cabo una gestión pública efectiva que resuelva las necesidades sociales. La evolución que han tenido tanto el Gobierno Federal como el Estatal, no ha llegado al ayuntamiento, lo cual ha provocado el deterioro de sus funciones, asimismo, la precarización en la prestación de los servicios públicos. Es urgente la respuesta por parte de la Administración Pública Local a las necesidades de la población. No contiene un entramado institucional que funcione de manera productiva, racional, eficiente y eficaz para poder vencer los problemas que aquejan a la población.

Propuestas

Es fundamental que los gobiernos Federal y Estatal apoyen al ayuntamiento para que logre incrementar la calidad de vida de las comunidades indígenas. Asimismo, debe fortalecerse la estructura orgánica de la Administración Pública Local para eficientar su funcionamiento para que pueda cumplir con su labor. Por lo tanto, las propuestas son las siguientes:

Las políticas sociales que se han ejecutado hasta ahora no han disminuido el rezago social de Eloxochitlán, por lo que se requiere la implementación de otras actividades que respondan de manera urgente a las necesidades de la población. Se propone implementar planes emergentes focalizados en materia de salud, vivienda y educación. Es importante señalar que los servicios de salud son los más endebles, por ende, resulta prioritario atenderlos.

Con el fin de dinamizar las obras públicas que se llevan a cabo en las comunidades pluriculturales, puede haber participación de los habitantes, como anteriormente sucedía en las faenas (Trabajo comunitario, el que se realiza en forma productiva: construcción de caminos, apertura de tierra de cultivos, servicios de limpieza, así como trazado de canales).

Por otro lado, los recursos económicos que han sido transferidos por parte de la Federación al municipio no han ayudado a que los habitantes incrementen su calidad de vida. Existen municipios que reciben mayores recursos y no se encuentran en las mismas condiciones de marginación, es el caso de San Pedro Cholula, Cuautlancingo y San Andrés Cholula, mientras que Eloxochitlán mantiene un grado de rezago social muy alto. Por lo cual, se sugiere que el Gobierno Estatal replantee la proporción del gasto que se distribuye a los municipios con el fin de reforzar a los más vulnerables.

De la misma manera, el gobierno de Puebla puede instar a las empresas con mayor poder adquisitivo que están establecidas en el Estado, con el fin de apoyar a la población más vulnerable. De igual manera, el gobierno del Estado puede tener acercamiento con Organizaciones no Gubernamentales para que participen en el desarrollo social del municipio.

Por otra parte, el ayuntamiento a través del Comité De Planeación de Desarrollo Municipal puede dinamizar la participación ciudadana con el fin de que éste conozca a fondo las necesidades de las comunidades indígenas y puedan llevarse a cabo mecanismos para que puedan implementarse actividades de desarrollo de manera eficaz.

Cabe resaltar que el municipio se conforma por 44 comunidades, de las cuales solo una cuenta con su Autoridad Auxiliar correspondiente, por tal motivo la Administración Pública Local no puede descentralizar sus actividades para lograr mejoras en los servicios públicos que otorga el ayuntamiento. Entonces, se propone regionalizar al municipio para establecer de manera estratégica Autoridades Auxiliares; priorizando la ubicación de estas instancias por encima de la cantidad. En consecuencia, el ayuntamiento podrá tener mayor acercamiento con las comunidades indígenas para lograr acuerdos si en algún momento la población se muestra renuente a las propuestas de mejora por parte del ayuntamiento.

Finalmente, es necesario mejorar la comunicación de la Administración Pública Local, con los órdenes de gobierno Federal y Estatal, instancias privadas, así como no gubernamentales, por lo que necesita mejorar su gobierno electrónico, de lo contrario no podrá eficientar su coordinación con las instituciones mencionadas.

Conclusiones

Derivado de la investigación que se llevó a cabo en el municipio de Eloxochitlán en el periodo de 2012-2017 se dilucida lo siguiente:

El Estado por medio de la Administración Pública Local no ha cumplido con la razón de su existencia, es decir, mantener el bienestar social. En 2010, el Consejo Nacional de Población expuso que el 73.5% de los municipios del país presentan marginación. En el estado de Puebla en 2010 tuvo un Índice de Desarrollo Humano de 0.71 unidades, ocupando el lugar 27 a nivel nacional, mientras que el primer lugar lo tuvo la Ciudad de México con un índice de 0.82 unidades. El índice de salud del Estado en 2010 fue de 0.85, en 2012 fue de 0.88, tuvo un mínimo aumento; en el caso del índice de educación presentó mayor carencia, en 2010 fue de 0.63 unidades, en 2012 el índice fue de 0.64 unidades. En el ámbito de ingreso, Puebla en 2010 tuvo un resultado de 0.66, mientras que en 2012 presentó un índice de 0.68. El mayor rezago se encuentra en materia educativa e ingreso. Si bien se mostraron avances, representaron un desarrollo mínimo. Por otra parte, Eloxochitlán no presentó mejoras significativas debido a que su población continúa viviendo en condiciones de pobreza extrema. De acuerdo con CONEVAL en el año 2000 el municipio presentó un índice de rezago social de 2.25 unidades, en 2005 tuvo un índice de rezago social de 2.43 unidades, en 2010 disminuyó a 1.95, sin embargo, en 2015 incrementó a 2.43 unidades el cual es un índice de rezago social muy alto.

De la misma manera, las actividades que lleva a cabo el gobierno de Puebla en conjunto con el ayuntamiento del Municipio no lograron incrementar la calidad de salud, educación y vivienda de la población; únicamente fueron asistencialistas, ya que no resolvieron los problemas sociales del Municipio desde la raíz. De acuerdo con el CONEVAL, en 2015 en Eloxochitlán la tasa de educación básica de jóvenes de 15 años o más fue de 76.12%, mientras que en el mismo año en San Pedro Cholula fue de 36.11%. En 2016, el INEGI expuso que en 2016 el Municipio contaba solamente con 7 unidades médicas en las cuales laboraban 4 médicos. El Fondo de Infraestructura Estatal de Puebla mencionó que en el mismo año Eloxochitlán tenía un 76.12% de rezago educativo, asimismo, el 97.2% de la población padecía carencias de servicios básicos de vivienda.

Por otra parte, el ayuntamiento continúa funcionando a través de viejas formas administrativas, lo cual no le permite accionar por medio de procesos eficientes, eficaces y económicos. La Administración Pública Local necesita cambios en su estructura y en sus procesos de trabajo para optimizar sus resultados. El ayuntamiento necesita una restructuración al interior, innovar para que se adapte a los cambios que ha tenido la Administración Pública en la actualidad. Del mismo modo, el equipamiento con el que cuenta el ayuntamiento ha resultado inoperante; es el caso de su gobierno electrónico. La mayor parte de su página web se encuentra inhabilitada y la información que se presenta son documentos en blanco. Por lo tanto, la modernización de la Administración Pública Municipal es toral para responder a las necesidades sociales.

En materia económica, de acuerdo al presupuesto que Eloxochitlán recibió en 2017 por parte del ramo 33, en comparación con municipios que tienen una población similar, es el caso de Jalpan y Jopala, su índice per cápita es parecido. El índice per cápita de Eloxochitlán fue de $1,790.53, el de Jalpan fue de $1,257,18 y el de Jopala $1,290.52. Es un índice demasiado bajo para que exista un verdadero avance en desarrollo humano. En el caso del ramo 28, los resultados fueron parecidos, el índice per cápita de Eloxochitlán fue de $1,802.77, el de Jalpan de $ 1,271.37 mientras que el de Jopala fue de $1,303.02, se puede inferir que existe el mismo problema en el ramo 28, el ayuntamiento no tiene la capacidad necesaria para incrementar el desarrollo social con las transferencias que recibe por parte del Gobierno Federal. Aunado a lo anterior a pesar de que el índice per cápita de Eloxochitlán es mayor que el Jopala y Jalpan, el índice de rezago social de Jalpan y Jopala es alto, mientras que el de Eloxochitlán es muy alto. Por lo tanto, pueden existir deficiencias en el uso de los recursos por parte del ayuntamiento de Eloxochitlán.

En la misma tesitura, de la evaluación realizada en el total de transferencias que recibió Eloxochitlán en el periodo de 2013 a 2017, de 2013 a 2015 los fondos recibidos fueron mínimos, lo cual no da suficiencia económica al ayuntamiento. De 2015 a 2016 hubo un aumento en el presupuesto recibido, es decir, en 2015 la cantidad presupuestaria fue de $20,635,046.00, en 2016 incrementó a $45,336,261.00, sin embargo, el incremento de presupuesto es insuficiente para que se muestren cambios sustanciales en el bienestar de las comunidades indígenas. Para 2017, hubo un incremento mínimo, el cual fue de $48,873,600.00, cantidad que no le da oportunidad al ayuntamiento para que exista alguna mejora en la calidad de vida de los grupos pluriculturales.

Tomando en consideración el problema de la falta del reconocimiento de los grupos pluriculturales de manera real, puede inferirse de acuerdo a lo mencionado anteriormente, en el caso de los municipios canadienses que se conforman por comunidades regidas por usos y costumbres, sí responden a sus necesidades sin distinción alguna, a partir de tomar en su gobierno el discurso del multiculturalismo. Los gobiernos tanto Federal como Estatal en México no han mostrado la misma respuesta a las demandas sociales de municipios donde existe población indígena en comparación con los municipios donde no radican grupos étnicos.

Asimismo, la débil coordinación entre los gobiernos Federal Estatal y Municipal, evidencia su falta de comunicación, por lo que las políticas sociales llevadas a cabo por los tres niveles de gobierno no cumplen con sus objetivos. Las acciones implementadas no han conseguido generar la simbiosis necesaria, para que el ayuntamiento merme el rezago social.

El ayuntamiento, para generar acciones en beneficio de la ciudadanía, debe mantener comunicación constante con la población para contar con capacidad de operatividad para dar respuesta a las demandas de los grupos étnicos. Sin embargo, no ha podido mitigar las afecciones sociales. Para ello es fundamental la participación de los habitantes, así como la de otros actores que no son parte del Gobierno Local, como son ONG's o instituciones privadas.

De las 44 localidades en que se divide el municipio, solo Zacacoapan cuenta con una autoridad auxiliar. En este sentido, mientras el ayuntamiento de Eloxochitlán no logre descentralizar su Administración Pública, difícilmente podrá mantener un vínculo de negociación y cabildeo con las comunidades indígenas. De la misma manera, le resultará complicado generar acuerdos que beneficien al Municipio en materia de desarrollo social. La participación de los grupos étnicos es fundamental para que el ayuntamiento merme su condición de rezago social.

Por otra parte, el Gobierno Estatal debido a la deficiente distribución del ingreso ha concentrado en pequeñas regiones el erario público, dejando excluidas a las comunidades indígenas. De la misma manera, los servicios prestados por la Administración Pública no son de calidad. Mientras que en la región del centro de Puebla se concentra el erario Estatal, tal es el caso de los municipios de San Pedro Cholula, Cuautlancingo y San Andrés Cholula; el sureste es una de las regiones más pobres de Puebla donde se encuentra Eloxochitlán. La carente racionalización en el uso de los recursos públicos ha provocado que los grupos multiculturales, no puedan integrarse al desarrollo social, debido a que no disminuyen las condiciones de pobreza en las que viven.

Por lo antes expuesto, un municipio que se conforma por población que se conforma por población que se rige por usos y costumbres, que vive en pobreza extrema, sin inclusión social, educación, vivienda, salud y servicios públicos deficientes; personas sin que se les respeten sus derechos, difícilmente podrán incrementar su calidad de vida. Por ende, no podrán alcanzar el desarrollo social que requieren, ni una vida plena.

Fuentes de Consulta

Bibliografía

Arbós Xavier, Giner Salvador, *La gobernabilidad. Ciudadanía y democracia en la encrucijada mundial,* México, Siglo XXI, 2005.

Arce, Carlos A, *La gobernabilidad democrática: una perspectiva para el desarrollo,* México, D.F.,Porrúa, 2006.

Aguilera Rina Marissa, Castañeda R. Fernando, *Nuevos horizontes de las Ciencias Sociales,* México D.F., BIBLIOTECA, 2016.

Arendt Hannah, *La condición humana,* España, Paidós, 2005.

Ayala José, *Elección Pública e Instituciones. Una revisión de las teorías modernas del Estado,* México, Porrúa, 2000.

Barry Brian, *Teorías de la justicia,* España, Gedisa, 2001.

Bobbio Norberto, *Igualdad y libertad,* Barcelona, Nova-Gráfik,1993.

Buchanan James, *La Hacienda Pública en un Proceso Democrático,* Madrid, Aguilar, 1973.

Cabrero Enrique, *Acción y desarrollo local,* México, Fondo de Cultura Económica, 2005.

Carbonell Miguel, *Constitución Política de los Estados Unidos Mexicanos,* México, Tirant Lo Blanch, 2016.

Carrera Ady, Cecilia Cadena, *XVI Congreso Internacional del CLAD sobre Reforma del Estado y de la Administración Pública,* Asunción, Paraguay, 2011.

Carrera Ady, *Gasto Social y Desarrollo Humano en el ámbito local. Evidencia de dos Municipios del Estado de Oaxaca, México.*

Camou Antonio, *Gobernabilidad y Democracia,* México: Instituto Federal Electoral, 2013.

Cejudo Guillermo, *Nueva gestión pública,* México, siglo veintiuno, 2011.

Conejero Enrique, *Globalización, gobernanza local y democracia,* Cuadernos Constitucionales de la Cátedra Fadrique Furió Ceriol, no. 52-53, 2005.

Córdova Arnaldo, La formación del poder político en México, México, ERA, 2000.

De la Torre Rodolfo, Rodríguez Eduardo, et al, *Política social y bienestar México desde el año 2000,* Ciudad de México, CIDE, 2018.

Díaz Ana, *Gobiernos locales,* México DF, siglo XXI, 2009.

Durand Carlos, *El derecho al desarrollo social, una visión desde el multiculturalismo, el caso de los pueblos indígenas, México,* Porrúa, 2008.

Elguea Javier, *Razón y Desarrollo, El crecimiento económico, las instituciones y la distribución de la riqueza espiritual,* México, Santillana, 2006.

Espejel Jaime, *Democracia y Gobernanza Nueva Institucionalidad y Redes Políticas,* Ciudad de México, Juan Pablos, 2016.

Fernández José, *Política, Gobierno y Sociedad Civil,* México D.F., fontamara, 2011.

Fernández Jorge, *Servicios Públicos Municipales,* México, Instituto Nacional de Administración Pública, 2015.

Fernández Luis, *Gobernanza y Gestión Pública,* México, Fondo de Cultura Económica, 2006.

Fountain Jane, *La construcción del Estado virtual. Tecnologías de información y cambio institucional,* México, CIDE, 2010.

Fuentes Enrique, *Hacienda Pública,* Madrid, gregos, 1969.

Guerrero Omar, *Gerencia pública en la globalización,* México, Universidad Nacional Autónoma del Estado de México, 2003.

Gunder Andre, *Acumulación dependiente y subdesarrollo,* México, Era, 1979.

Habermas Jürgen, *El discurso filosófico de la modernidad,* México, TAURUS, 1993.

Habermas Jürgen, *Teoría de la acción comunicativa, I,* México, Taurus Humanidades, 2005.

Hobbes Thomas, *Leviatán,* México, Gernika, 2010.

Kymlicka Will, *Ciudadanía multicultural,* España, Paidós, 1996.

Mayntz Renate, "El Estado y la sociedad civil en la gobernanza moderna", *CLAD Reforma y Democracia,* no. 21 Octubre, 2001.

Moyado Francisco, *Gobernanza y Calidad en la Gestión Pública: Oportunidades para Mejorar el Desempeño de la Administración Pública en México,* México, Instituto Nacional de Administración Pública, 2014.

Musgrave Richard, *Teoría de la Hacienda Pública,* España, Aguilar, 1969.

Olmedo Raúl, *Experiencias municipales repetibles,* México, INAP, 1999.

Ostrom Elinor, *Comprender la diversidad institucional,* México D.F., Fondo de Cultura Económica, 2015.

Parsons Talcott, *Estructura y proceso en las sociedades modernas,* Madrid, Instituto de Estudios Políticos,1987.

Pichardo Ignacio, *Modernización Administrativa,* México, El Colegio Mexiquense, 2004.

Pérez Fernando, *Tipología del Municipio Mexicano para su Desarrollo Integral,* México, INAP, 2014.

Polo Humberto, *Administración pública comunitaria y gobierno local en México: Las autoridades auxiliares,* México, INAP, 2012.

Putnam Robert, *Para que las democracias funcionen. Las tradiciones cívicas en la Italia moderna,* Madrid, 2011.

Revista iapem, *El municipio a 495 años de su creación,* no. 88, Mayo – Agosto, México, IAPEM, 2014.

Rodríguez Marco, *Racionalidad y toma de decisiones en las organizaciones.*

Sen Amartya, Kliksberg Bernardo, *Primero la Gente. Una mirada desde la ética del desarrollo a los principales problemas del mundo globalizado,* Buenos Aires, Ediciones Deusto, 2011.

Tomassini Luciano, *Estado Gobernabilidad y Desarrollo,* Washington, Banco Interamericano de Desarrollo, 1993.

Stiglitz Joseph E., *La economía del sector público,* Barcelona, Antoni Bosch, 2000.

Taylor Charles, *El multiculturalismo y la política del reconocimiento,* México, Fondo de Cultura Económica, 2009.

Taylor Philip E., *Economía de la Hacienda Pública,* Madrid, Aguilar, 1960.

Mesografía

- Actualización del Plan Estatal de Desarrollo 2011-2017. Informe de Ejecución del PED 2011-2017, Ejercicio 2015. *Gobierno del Estado de Puebla, 2015,* citado el 21 de noviembre 2018, disponible en: http://planeader.puebla.gob.mx/pdf/planes/ANEXO_INFORME_EJECUCION.pdf
- Alejandro Hernández, Cuando Pronasol, Progresa, Oportunidades, Prospera, (¿Y los pobres?) de México, *EL FINANCIERO,* 9 de abril de 2014, citado el 22 de mayo de 2019, disponible en: https://www.elfinanciero.com.mx/opinion/alejandro- hernandez/cuando-pronasol-progresa-oportunidades-prospera-y-los-pobres-de- mexico
- Ana García, ¿Cómo ha evolucionado la pobreza en México desde 2008?, *EL ECONOMISTA,* 14 de septiembre de 2018, citado el 9 de noviembre 2018, disponible en: https://www.eleconomista.com.mx/economia/Como-ha-evolucionado- la-pobreza-en-Mexico-desde-2008-20180914-0037.html
- Ana María Chávez y Francisco Rodríguez, *El Programa de Solidaridad y la organización comunitaria en el estado de Morelos,* México, COLMEX, citado

el 22 de mayo de 2019, disponible en: https://estudiosdemograficosyurbanos.colmex.mx/index.php/edu/article/download/1020/1013

- Apoyar a los indígenas desde la base, *Organización Mundial de la Propiedad Intelectual*, citado el 1 de abril 2019, disponible en: https://www.wipo.int/wipo_magazine/es/2014/01/article_0003.html
- Catálogo de Localidades, *Secretaría de Desarrollo Social*, 2015, citado el 28 de noviembre 2018, disponible en: http://www.microrregiones.gob.mx/catloc/LocdeMun.aspx?tipo=clave&campo=loc&en t=21&mun=061
- Centro de Investigación en Economía y Negocios ITESM, "2006-2012: El Sexenio de la Pobreza en México", vol. 2, no. 66, (julio 29), citado el 14 de noviembre 2018, disponible en: http://www.anei.org.mx/wp/wp-content/uploads/2013/08/Semanal66_SexenioPobrezaenMexico-1.pdf
- Crecimiento del PIB, *Banco Mundial BIRF-AIF*, citado el 21 de noviembre 2018, disponible en: https://datos.bancomundial.org/indicador/NY.GDP.MKTP.KD.ZG?locations=MX
- Criterios ZAP 2019, *Consejo Nacional de Evaluación de la Política de Desarrollo Social*, citado el 22 de mayo de 2019, disponible en: https://www.coneval.org.mx/Medicion/Documents/Criterios-ZAP-2019.pdf.pdf
- Constitución Política de los Estados Unidos Mexicanos, 27 agosto de 2018, citado el 28 de noviembre 2018, disponible: http://www.diputados.gob.mx/LeyesBiblio/pdf/1_270818.pdf
- Eloxochitlán, *Instituto Nacional para el Federalismo y el Desarrollo Municipal*, citado el 21 de noviembre de 2018, disponible en: http://www.inafed.gob.mx/work/enciclopedia/EMM21puebla/municipios/21061a.html
- Decreto por el que se formulan las Zonas de Atención Prioritaria para el año 2019, *Secretaría de Gobernación*, citado el 22 de mayo de 2019, disponible en: https://dof.gob.mx/nota_detalle.php?codigo=5547481&fecha=28/12/2018
- Directorio de Presidencias Auxiliares 2011-2014, Secretaria General de Gobierno, citado el 3 de diciembre 2018, disponible en: https://es.scribd.com/document/220647232/Directorio-de-Presidencias-Auxiliares- Periodo-2011-2014-1
- Fondo de Aportaciones para la Infraestructura Social, *Secretaría de Desarrollo Social*, citado el 22 de noviembre 2018, disponible en: https://fais.sedesol.gob.mx/descargas/preguntas_frecuentes
- Giovanni Reyes, "Teoría de la globalización bases fundamentales", revista de la facultad de ciencias económicas y administrativas, vol. 2, no. 1, junio 2001, citado el 12 de octubre 2018,: disponible en: https://dialnet.unirioja.es/servlet/articulo?codigo=5029712

- Gobierno del Estado de Puebla, *Ley Orgánica Municipal*, citado el 28 de marzo 2019, disponible en: https://www.iee- puebla.org.mx/2017/Normatividad/ley_organica_de_la_administracion_publica_del_e stado_de_puebla_11082016.pdf
- Evaluación de la Política Social, *Consejo Nacional de Evaluación de la Política Social*, citado el 24 de mayo de 2019, disponible en: https://www.coneval.org.mx/Evaluacion/Paginas/InformeEvaluacion.aspx
- Hay 52 millones de pobres en México: CONEVAL, *EL ECONOMISTA*, 8 de febrero, 2012, citado el 14 de noviembre de 2018, disponible en: https://www.eleconomista.com.mx/politica/Hay-52-millones-de-pobres-en-Mexico- Coneval-20120208-0164.html
- Hernández Gonzalo, Encuesta Nacional de Ingresos y Gastos de los Hogares (ENIGH): La prueba de fuego, *EL FINANCIERO*, 27 de julio de 2018, citado el 12 de noviembre 2018, disponible en: http://www.elfinanciero.com.mx/opinion/gonzalo- hernandez-licona/encuesta-nacional-de-ingresos-y-gastos-de-los-hogares-enigh-la- prueba-de-fuego
- Informe de Pobreza en México, *Consejo Nacional de Evaluación de la Política de Desarrollo Social*, citado el 3 de abril 2019, disponible en: https://www.coneval.org.mx/Informes/Pobreza/Informe%20de%20Pobreza%20en%2 0Mexico%202012
- Informe de resultados ejercicio fiscal 2015, FISE, *Puebla Secretaría de Finanzas y Administración*, 2015, citado el 22 de noviembre 2018, disponible en: http://www.evaluacion.puebla.gob.mx/pdf/Informe_Completo_FISE2015.pdf
- Informe final de evaluación de procesos del Programa para el Desarrollo de Zonas Prioritarias, Secretaría de Desarrollo Social, citado el 21 de mayo de 2019, disponible en: https://www.coneval.org.mx/Paginas/busqueda.aspx?k=zonas%20prioritarias
- Informe de evaluación específica de desempeño 2014-2015, *Consejo Nacional de Evaluación de la Política de Desarrollo Social*, citado el 21 de mayo de 2019, disponible en: https://www.coneval.org.mx/Evaluacion/Documents/EVALUACIONES/EED_2014_20 15/SEDESOL/S216_PDZP/S216_PDZP_IC.pdf#search=zonas%20prioritarias
- Instituto Nacional para el Federalismo y Desarrollo Municipal, diciembre 2004, citado el 5 de octubre 2018: disponible en http://www.inafed.gob.mx/work/models/inafed/Resource/336/1/images/TOMO_4_las_ finanzas_municipales.pdf
- Instituto Nacional para el Federalismo y el Desarrollo Municipal, Puebla, citado el 30 de mayo de 2019, disponible en: http://www.inafed.gob.mx/work/enciclopedia/EMM21puebla/index.html

- Índice de Rezago Social 2010, *Consejo Nacional de Evaluación de la Política de Desarrollo Social,*citado el 21 de mayo de 2019, disponible en: https://www.coneval.org.mx/Medicion/IRS/Paginas/Índice-de-Rezago-social-2010.aspx
- Índice de rezago social 2015 a nivel Nacional, Estatal y Municipal, *Consejo Nacional de Evaluación de la Política de Desarrollo Social,* 2018, citado el 28 de noviembre 2018, disponible en: https://www.coneval.org.mx/Medicion/IRS/Paginas/Indice_Rezago_Social_2015.aspx
- Índice de rezago social 2015, *Consejo Nacional de la Política de Desarrollo Social,* citado el 3 de abril 2019, disponible en: https://www.coneval.org.mx/coordinacion/entidades/Puebla/Paginas/Indice-de- Rezago-Social-2015.aspx
- Medición de la pobreza en México y en las Entidades Federativas 2016, *Consejo Nacional de Evaluación de la Política Social,* citado el 28 de mayo de 2019, disponible en: https://www.coneval.org.mx/Medicion/Paginas/Pobreza_2008-2016.aspx
- Medición multidimensional de la pobreza en México un enfoque de bienestar económico y de derechos sociales, *Consejo Nacional de Evaluación de la Política de Desarrollo Social,* citado el 28 de noviembre 2018, disponible en: https://www.coneval.org.mx/InformesPublicaciones/FolletosInstitucionales/Document s/Medicion-multidimensional-de-la-pobreza-en-Mexico.pdf
- Ley General de Desarrollo Social, H. Cámara de Diputados del H. Congreso de la Unión, citado el 21 de mayo de 2019, disponible en: http://www.diputados.gob.mx/LeyesBiblio/pdf/264_250618.pdf
- Ley Orgánica Municipal, *Honorable Congreso del Estado Libre y Soberano de Puebla LIX Legislatura,* octubre 2018, citado el 28 de noviembre 2018, disponible en: http://www.ordenjuridico.gob.mx/Documentos/Estatal/Puebla/wo96700.pdf
- Los Municipios y sus Bandos de Policía y Buen Gobierno, *Biblioteca Jurídica Virtual del Instituto de Investigaciones Jurídicas de la UNAM.* Citado el 28 de noviembre 2018, disponible en: https://archivos.juridicas.unam.mx/www/bjv/libros/6/2627/5.pdf
- OXFAM International, citado el 21 de noviembre 2018 disponible en: https://www.oxfam.org/es/quienes-somos
- Pobreza a nivel municipio 2010 y 2015, *Consejo Nacional de Evaluación de la Política de Desarrollo Social,* citado el 28 de mayo de 2019, disponible en: https://www.coneval.org.mx/Medicion/Paginas/Pobreza-municipal.aspx

- Programa de las Naciones Unidas para el Desarrollo, "Informe Nacional de Desarrollo Humano", citado el 21 de mayo de 2019, disponible en: http://desarrollohumano.org.gt/desarrollo-humano/concepto/
- Programa de las Naciones Unidas para el Desarrollo, "Informe Nacional de Desarrollo Humano", citado el 21 de mayo de 2019, disponible en: http://desarrollohumano.org.gt/desarrollo-humano/calculo-de-idh/
- Ley de egresos del Estado de Puebla 2013, *Periódico Oficial del Estado de Puebla,* citado el 4 de abril 2019, disponible en: http://pbr.puebla.gob.mx/attachments/article/ley-de-egresos-2013.pdf
- Ley de egresos del Estado de Puebla 2015, *Honorable Congreso del Estado,* citado el 4 de abril 2019, disponible en: http://www.ordenjuridico.gob.mx/Documentos/Estatal/Puebla/wo96753.pdf
- Ley de egresos del Estado de Puebla 2017, Periódico Oficial del Estado de Puebla, citado el 4 de abril 2019, disponible en: http://www.auditoriapuebla.gob.mx/images/transparencia/LEYES/2017/ley%20de%20egresos%202017.pdf
- Plan de Desarrollo Municipal de Eloxochitlán, *Puebla 2014-2018, Gobierno del Estado de Puebla. Secretaría General de Gobierno,* citado el 4 de diciembre 2018, disponible en: http://planeader.puebla.gob.mx/pdf/planes/ayuntamiento/061.pdf
- Plan Estatal de Desarrollo 1999 – 2005, citado el 28 de marzo 2018, disponible en: http: //planeader.puebla.gob.mx/pdf/PlanEstatal9905/ped19992005veda18.pdf
- Plan Estatal de Desarrollo 2005 – 2011, *Puebla,* citado el 28 de marzo 2018, disponible en: http://planeader.puebla.gob.mx/pdf/PlanEstatal0511/ped20052011veda18.pdf
- Reglas de Operación para Vivienda social para el ejercicio fiscal 201*9, Secretaría de Gobernación,* citado el 24 de mayo de 2019, disponible en: http://dof.gob.mx/nota_detalle.php?codigo=5551588&fecha=28/02/2019
- Presupuesto de Egresos del estado de Puebla, *Gobierno constitucional del Estado de Puebla,* citado el 30 de mayo de 2019, disponible en: http://www.auditoriapuebla.gob.mx/leyes/item/ley-de-egresos-del-estado-de-puebla, http://pbr.puebla.gob.mx/attachments/article/ley-de-egresos-2013.pdf, http://pbr.puebla.gob.mx/attachments/article/ley-de-egresos-2014.pdf, http://www.ordenjuridico.gob.mx/Documentos/Estatal/Puebla/wo109807.pdf
- Reportes FISE Puebla 2013, *Secretaría de Desarrollo Social,* 2015, citado el 22 de noviembre 2018, disponible en: http://www.sedesol.gob.mx/es/SEDESOL/Primer_Trimestre_2013_FISE

- Reportes FISE Puebla 2014, *Secretaría de Desarrollo Social*, 2015, citado el 22 de noviembre 2018, disponible en: http://www.sedesol.gob.mx/es/SEDESOL/Reportres_Trimestrales_FISE_2014
- Reportes FISE Puebla 2016, *Secretaría de Desarrollo Social*, 2015, citado el 22 de noviembre 2018, disponible en: http://www.sedesol.gob.mx/es/SEDESOL/Reportes_Trimestrales_FISE_2016
- Reportes FISE Puebla 2017, *Secretaría de Desarrollo Social*, 2015, citado el 22 de noviembre 2018, disponible en: http://www.sedesol.gob.mx/es/SEDESOL/Reportes_Trimestrales_FISE_2017
- Resultados de pobreza en México 2014, *Consejo Nacional de Evaluación de la Política de Desarrollo Social,* citado el 3 de abril 2019, disponible en: https://www.coneval.org.mx/medicion/mp/paginas/pobreza_2014.aspx
- Resultados de pobreza en México 2016, *Consejo Nacional de Evaluación de Política Social*, citado el 3 de abril 2019, disponible en: https://www.coneval.org.mx/Medicion/MP/Paginas/Pobreza_2016.aspx
- Secretaría de Hacienda y Crédito Público, citado el 12 de octubre 2018, Disponible en: www.shcp.gob.mx/lashcp/marcojuridico/.../Otros/338_otros_moshcp.pdf
- Sergio Fernández, Política Social y Desarrollo Humano: La Nueva Cuestión Social del Siglo XXI, *Nómadas Revista Crítica de las Ciencias Sociales y Jurídicas,* vol. 29 no. 1, enero-junio 2011, citado el 12 de octubre 2018,: disponible en http://www.redalyc.org/articulo.oa?id=18118941001
- Seminario Latinoamericano Experiencias Exitosas de combate a la pobreza rural, *Informe sobre el Programa Nacional de Solidaridad de México*, México, UNAM, 1999, p. 4, citado el 22 de mayo de 2019, disponible en: http://www.fao.org/tempref/GI/Reserved/FTP_FaoRlc/old/prior/desrural/desrural/pobr eza/solidar.pdf
- Slater Fernando, *Las etapas del Crecimiento Económico de Rostow. Consideraciones sobre el Evolucionismo como Modelo Interpretativo,* Chile: Universidad Católica de Temuco, 2011, citado el 12 de octubre 2018 disponible en: http://repositoriodigital.uct.cl/bitstream/handle/10925/302/SOÑA_0717- 4977_03_1999_2_art9.pdf?sequence=1
- Taylor Philip E., *Economía de la Hacienda Pública,* Madrid, Aguilar, 1960. Secretaría de Hacienda y Crédito Público, citado el 12 de octubre 2018, Disponible en: www.shcp.gob.mx/lashcp/marcojuridico/.../Otros/338_otros_moshcp.pdf»